Der BANK-CODE

Eine entschlüsselnde Analyse
über die Finanzwelt und ihre Funktion.
Was Sie über Bänker noch nicht wissen.

Die etwas andere Betrachtung der Banken.
Für Konsumenten, aber auch für Fachleute,
die glauben, schon alles zu wissen.
Und für alle, die gern auch mal schmunzeln möchten.....
...über das was gesagt werden muss.

Aus der Sicht eines Kaufmanns.

Vielen Dank
an meine Eltern und meine Schwester.
Aber besonders an meine Kinder
Laura
Malte
und
Nina

Oktober 2013
Autor und Herausgeber: Michael Sorge
Alle Rechte vorbehalten
ISBN: 9783732252718
Herstellung und Verlag: BoD - Books on Demand, Norderstedt

Der BANK-CODE

Der BANK-CODE

Inhalt

Der BANK-CODE

1 Einleitung
...oder, wie kommt man dazu, ein Buch zu schreiben ?

Zunächst: Bücher schreiben ist besser als Lotto spielen. Es kommt öfter etwas dabei heraus, was bleibenden Wert hat und gelegentlich sogar die Kosten.
Ansonsten: Man schlendert so durch das Leben und erlebt so Vieles. Denkt sich seinen Teil und schlendert weiter. Guckt auf, wenn wieder etwas in der Welt passiert, das man nicht versteht; oder nur ein bisschen; sieht wieder runter und macht weiter. Hauptsache, man ist selber nicht davon betroffen. Gerade so, wie ein fleißiger Arbeiter. Pflichtbewusst, strebsam, ein wenig in sich gekehrt, gelegentlich muffelig, aber am Ende fröhlich und lebensfroh genug, um im Alltag nicht ganz unter zu gehen. Geht es Ihnen nicht genau so ? - Für mich jedenfalls ist das so in etwa der Zustand, der das Leben umfänglich beschreibt.

Andererseits ist das aber so; auch das werden Sie kennen; die vielen kleinen und großen Dinge und Sachverhalte, Vorkommnisse und Erlebnisse, hinterlassen Spuren oder Kerben im Gedächtnis; sogar im Gemüt. Man könnte zu so vielen Dingen noch viel mehr sagen und anmerken. Wer interessiert sich dafür? Ich bin doch nur ein kleines Licht. Außer am Stammtisch, in der Skatrunde, zur Belustigung aller oder zum eigenen wichtig machen, will das ja eh keiner hören. Die eigenen Problemchen sind eben doch wichtiger als die der großen weiten Welt. Also weiter wie bisher - Denkt man!

Weit gefehlt. So ganz tief im Innern ist uns doch allen schon immer klar gewesen, dass nur wir selber die Welt retten können und die Anderen eigentlich keine Ahnung haben. Wenn man uns doch nur ließe.

Der BANK-CODE

1   Einleitung
...oder, wie kommt man dazu, ein Buch zu schreiben ?

Tut aber keiner, und fragen auch nicht. Stammtische und Skatabende sind auch eher selten und lauern nicht an jeder Ecke. Also? - Es bleiben viel Dinge ungesagt und erst recht unwidersprochen. Schade eigentlich.

Ich könnte jetzt natürlich trefflich behaupten :   als ich so eines Tages beim Rasieren vor dem Spiegel stand, traf mich der Gedanke, all diese Dinge, die so tief unten in der Seele lagern, einmal aufzuschreiben und der Welt zugänglich zu machen. Warum? Weil sie es wissen will, ja muss!
So, oder so ähnlich ist es natürlich auch tatsächlich gewesen, klar! - Dennoch ist es schon so, dass mich immer wieder erstaunt, warum viele komplizierte Dinge aus Wirtschaft, Wissenschaft, Technik und Politik so kompliziert und schlecht erklärt werden. Oder noch schlechter: gar nicht erklärt werden! Wo es doch so offensichtlich ist, warum etwas so oder anders ist. Aber keiner redet darüber oder spricht es aus. Und wenn es einer macht, im Fernsehen, im Bundestag, auf der Straße, im Internet, dann mit Hintergedanken und unter Weglassen der genauso richtigen Gegenargumente. Man hat ja ein Interesse und verfolgt ein Ziel. Man vertritt ja eine Interessengemeinschaft, einen Verband, eine Bürgerinitiative oder aus Eigennutz sich selbst.
DSDS – Deutschland sucht den Superstar.
Ich bin wichtig, der Rest ist mir egal.

Auf dem Weg dahin geht uns all zu leicht viel Wahrheit und Wahrhaftigkeit verloren und keiner vermisst sie. Ein ungutes Gefühl aber bleibt uns Zuhörern und Zusehern. Da stimmt etwas nicht, denken wir. Aber handeln? Nee, lass mal gut sein.

Der BANK-CODE

1   Einleitung
...oder, wie kommt man dazu, ein Buch zu schreiben ?

Hauptsache ich bin gut und nicht schuld, sagen wir uns und werkeln weiter. BVB-Trainer Jürgen Klopp, genannt Kloppo, würde sagen: „...die gefühlte Ohnmacht des Fußballtrainers an der Seitenlinie!"

Auch ihm geht es sicher an der Seitenlinie so wie uns, wenn wir in der Tagesschau dem Bundestag zuhören. Man tippelt vor dem Fernseher mit den Fingern auf der Platte, hört dem Redner zu und will, dass er jetzt das sagt, was wir dazu hören wollen oder meinen, weil nur wir wissen, was jetzt kommen muss, doch es kommt nicht. Weiß der Redner das jetzt nicht, oder ist er so ignorant? Warum sagt er jetzt nicht das, was offensichtlich auf der Hand liegt? Weiß er es nicht besser, oder verschweigt er es absichtlich? Wir sitzen im Fernsehsessel und schütteln den Kopf. Kennen Sie das Gefühl?
So gärt es ganz leise aber stetig vor sich hin, und das Gefühl „es muss doch mal gesagt werden" wird immer eindringlicher und am Ende will es raus. So in etwa ist es auch bei mir und deshalb ist es jetzt so weit.
Ein Buch über das Unwesen der Finanzwelt muss her. Gibt es schon genug? - aber nicht über das, was ich zu sagen habe. Eine leichte und lockere Berichterstattung aus der Sicht eines Konsumenten.

Die subjektive Betrachtung eines kleinen Kaufmanns, dessen Unfähigkeit nach langjähriger Erfahrung immer mehr Lücken aufweist, kumulieren in einer nicht ganz ernst gemeinten beschreibende Analyse der uns heute und in den vergangenen Jahren umgebenden Finanzwelt und einiger Akteure, die in Ihr eine Rolle spielen.

Der BANK-CODE

Wie kein anderer hat sich hierbei der ehemalige Vorstandssprecher der Deutschen Bank, Josef Ackermann, einen Namen gemacht und steht als Symbol in jeder Hinsicht zur Verfügung. Für einige als schlechtes Beispiel, aber objektiv betrachtet, aus Sicht eines Kaufmanns, als gutes Beispiel. Bei allen Vorwürfen, hat er doch eine weltweit agierende Bank in stürmischen Zeiten – auch für Deutschland – nicht nur auf Kurs gehalten, sondern in eine auskömmliche Position gebracht.

Nichtsdesto trotz muss er hier für die ganze Branche ein wenig als Platzhalter herhalten. So erzähle ich einige kleine Geschichten um die Banken, Herrn Ackermann und Kollegen herum. Das versteht er bestimmt, das kann er ab! - Wie wir in Hamburg sagen. Außerdem könnte es ja sogar sein, dass selbst er an einigen Stellen etwas zu schmunzeln hat.

Also los.

2   „So isses."
...oder auch : isso !

„isso" (für Kinderlose: „das ist so, Papa !") ist seit Jahren das geflügelte Wort zwischen meiner siebzehnjährigen jüngsten Tochter Nina und mir, wenn es darum geht, dass SIE erklären will, warum ES (die Welt – „ihre Welt") anders ist, als ich es gerne hätte. Kommt ja gelegentlich vor zwischen Eltern und Kindern. Kennen Sie sicher auch ! Naja, wem sage ich das ?

So oder ähnlich wie Nina geht es uns, wenn wir über die Finanzwelt nachdenken. Wir habe alle ein Konto bei der Hausbank. Alles geht seinen Weg. Hin und wieder maulen wir über die Kontogebühren und die Zinsen. Gelegentlich nehmen wir einen Kredit auf für das Auto oder das Haus. Noch seltener legen wir unsere Gelder an und maulen noch mehr über die Zinsen, die „gefühlt" gar nicht mehr existieren.

Kloppo würde sagen:
„der Ball war gefühlt drin !"

Dann hören und sehen wir in den Medien von der Finanzkrise, der Eurokrise, den Banken, den Bänkern, Investment- und Privatbanking, Derivaten, Obligationen und Basiszinssätzen uvm. - Nur, was will uns das alles sagen? Einiges wissen wir, vieles glauben wir zu wissen und von noch mehr haben wir keine Ahnung. Das ist auch gar nicht so schlimm, weil es uns im Grunde auch nicht betrifft. So nehmen wir das alles zur Kenntnis und haben uns damit abgefunden, dass es diese Dinge gibt. Die Finanzwelt und vielleicht mit ihr die Politik werden es schon richten. Stimmt, tun sie auch. Meistens jedenfalls.
Dieser Zustand heißt landläufig: „so isses..."
und so bleibt es.

Der BANK-CODE

2   *So isses.*"
...oder auch : isso !

Nina würde natürlich sagen: „isso !"
vielleicht auch noch : „Papaaa...menno, nerv nicht...!"

Nun gibt es aber doch hin und wieder Gemengelagen, in unserer Welt in denen Alles mit Allem zusammenhängt und deutlich wird, dass wir uns doch etwas mehr um die Einzelheiten kümmern sollten, als der Alltag es zulässt. Oder wenigstens öfter die Dinge hinterfragen sollten, die man uns sagt und täglich zum Abendessen in der Tagesschau vorkaut. Nein, ich meine jetzt nicht die nächste Bürgerinitiative gegen die neue Starkstromtrasse hinter unserem Dorf zu gründen, gleichzeitig für die Windenergie an der Nordseeküste zu plädieren, aber die Biogasanlage und den Maisanbau von Bauer Petersen zu kritisieren. Ich meine die täglichen Dinge, die sonst so selbstverständlich sind.

Über diese sonst selbstverständlichen Dinge sollten wir zum Beispiel nachdenken.

Woher kommt das Fleisch und die Erdbeeren ?
Die Äpfel und der Käse ?
Der Spargel und die Milch ?

Warum gibt es nur noch ALDI und REWE?
Oder LIDL und EDEKA?
Warum haben wir in Deutschland ein solches Preisniveau der Lebensmittel und vieler anderen Gebrauchsgüter?
Warum haben wir gleichzeitig ein Lohnniveau das kurz hinter der Schweiz und Norwegen liegt ?

Diese Fragen sollten uns mehr interessieren, als bisher.

Der BANK-CODE

2 „So isses."
...oder auch : isso !

Denn sie hängen weit mehr mit der „Finanzwelt" und den vielen „kleinen Ackermännern" zusammen, als es uns lieb ist. Wir machen es uns nur nicht wirklich bewusst. Der Mensch im Allgemeinen, und der Deutsche im Besonderen, nimmt die Dinge gerne wie sie sind und konzentriert sich im wesentlichen auf das, was nicht geht, oder was schlecht ist. Er meckert !

Es ist alles zu teuer, es ist alles mangelhaft oder könnte besser sein. Die Anderen sind schuld. So oder ähnlich richten wir uns gerne in unserem selbstgewählten Kokon ein und entschuldigen oder erklären damit einen Teil unserer eigenen Unzulänglichkeit, oder unseres Weltbilds. Wir meinen das natürlich nie so ganz ernst, aber es liegt doch immer etwas Wahrheit in diesen pauschalen Hinweisen. Oder ist es der eigene Frust? Wir sollten uns öfter Gedanken machen, woher kommt nicht nur die Milch oder der Strom, sondern auch wieso kostet die Milch, das Fleisch oder der Strom so viel oder so wenig?

Ebenso ist es uns zur Gewohnheit geworden, dass wir billig um die Welt fliegen. Calli Calmund macht es uns vor. Flüge mal eben online buchen und für 399€ nach New York beim Shoppen das Wochenende verbringen. Fünftausend Kilometer und 6 Stunden entfernt. Fehlt nur noch das billige Hotel für 89€ statt 198€ an der Upper Eastside und los geht es. Shoppen, was die Tüten hergeben. Alles prima, alles gut. Nur wehe, wenn etwas schief geht auf der Reise ! Da kommt es vor, dass wir die Lage, besser die Verhältnismäßigkeit, der Dinge schon einmal verkennen. Zum Vergleich: wenn wir unser geliebtes Auto in die Werkstatt fahren, kostet es mal eben die gleichen 399€ für die Inspektion.

2   „So isses."
...oder auch : isso !

Wir sind nicht erfreut, aber das muss sein, und wir halten das für einen angemessenen Preis. Der gleiche Preis für ein paar Liter Öl und 1 Stunde Lohn, wie für einen Flug Hin und Zurück um die halbe Welt ? - Unglaublich ! - Gleiches gilt für den Fernseher, die Tankfüllung, den Markenrasenmäher usw. Warum ist das so, bei uns Deutschen? Das Beispiel Auto, unser liebstes Kind, macht es noch deutlicher.

Bei genauem Hinsehen, ist es im Vergleich zu anderen Ländern oft so. Ein VW Jetta z.B. kostet bei uns vierundzwanzigtausend €uro, weil wir es so wollen und weil die Ausstattung so ist, wie wir sie erwarten. Da drunter machen wir es nicht, sonst rümpft der Nachbar die Nase; und das geht ja gar nicht. Den gleichen Jetta bekommt man in den USA, abgespeckt auf die dortigen Markterwartungen, schon ab circa 16T$ also 12T€. Somit die Hälfte. Im Supermarkt kostet aber dort der Joghurt 0,50€ während wir nur 0,19€ zahlen. Hingegen zahlt der Amerikaner für Aspirin in der 100er Dose 10$ während wir für 20 Stück 7€ abdrücken. Wie kommt das und warum fällt uns das nicht so richtig auf?

Ganz einfach: weil wir uns immer auf das konzentrieren, was wir sehen wollen. Wir sehen nicht die Zusammenhänge und Hintergründe. Allerdings hat sich auch eine Kultur entwickelt, die uns nicht umfänglich informiert, oder es uns anders vorlebt. DSDS lässt grüßen.

Was ist mit den Politikern, die Sachverhalte nur einseitig und nicht umfassend erklären? Sie argumentieren so, weil sie parteiisch sind und sie damit in den Medien besser Aufsehen erregen, als mit ausgewogenen Betrachtungen.

Der BANK-CODE

2 „So isses."
...oder auch : isso !

Was ist mit den endlosen „Soaps" im Nachmittagsfernsehen, in denen der Jugend und denen, die es sehen wollen, vorgegaukelt wird, dass man nur gut aussehen muss, um anerkannt zu werden? Dass man ungestraft andere mobben darf und dafür auch noch gelobt wird?
Sind dies nicht Entwicklungen in der Gesellschaft, die uns schaudern lassen? Nun werden Sie fragen, was hat das mit Ackermann und der Finanzwelt zu tun? Richtig, vordergründig wenig. Aber die beschriebene Gleichgültigkeit, besser gesagt einseitige, nicht ganzheitliche, simplifizierte und eben nicht ausgewogene Betrachtung der Dinge ist ein Problem.

Sie führt dazu, dass Herr RTL sagt: „ich bin nicht schuld an der fehlgeleiteten Generation DSDS! Ich mache doch nur das Programm, was die Zuschauer sehen wollen!".

Herr REWE sagt: „das Fleisch muss so günstig sein, weil die Hausfrau es sonst nicht kauft!" Während der BIO-Markt jeden Tag das Gegenteil beweist.

Herr VW sagt: „ich baue doch nur den Jetta, den meine Kunden haben wollen und zu dem Preis, den diese Qualität kostet!"

Herr Bayer sagt: „ich verkaufe Aspirin so, wie es der Markt erfordert und bezahlt!" Dabei unterschlägt er, dass wir in Deutschland einen staatlich geregelten Pharmamarkt haben, den es in den USA und anderswo so nicht gibt. Somit kann er sich auf unserem *Oligopolmarkt* das Geld holen, was er anderswo nicht bekommt. Wer informiert uns darüber? Keiner! Schon gar nicht die Politik, die ja diesen geschützten Markt selber erschaffen hat.

Der BANK-CODE

2   „So isses."
...oder auch : isso !

Und nun kommt der Sprung zur Finanzwelt. Wer finanziert weltweit all diese Leistungen? Die Banken. Das ist gut und schlecht zugleich. Zunächst das Gute. Es ist festzustellen, dass wir in Deutschland in einem Schlaraffenland leben, was das Preis-/Leistungsverhältnis der meisten unserer Güter angeht, die wir täglich kaufen. Lebensmittel sind so billig wie nirgends auf der Welt. Gleichzeitig ist unser Lohnniveau eines der höchsten weltweit. Mit der Differenz lässt sich trefflich leben. Der Hamburger würde sagen: auskömmlich leben. Dazu kommt, dass unsere Infrastruktur in der ersten Liga spielt und die soziale Sicherheit sowieso. Die Gesellschaft ist stabil und die Politik macht ihren Job insgesamt ziemlich gut, so dass wir summa summarum in Deutschland sozusagen in einem Paradies leben. Wer, wie ich, andere Länder nicht nur vom Hotelstrand aus gesehen hat, weiß, dass ich hier nur geringfügig übertreibe. Das ist bescheidener Nationalstolz, und der sei hier erlaubt. Alle ausländischen Freunde und Partner, die ich kenne, sagen ausnahmslos das Gleiche. Nein, sie sagen es noch viel deutlicher und schauen voller Bewunderung auf unser funktionierendes deutsches Gesellschaftssystem. Der Polizist ist noch dein Freund und Helfer, der Beamte macht den Stempel sogar ohne Zuschuss in bar, der Handwerker kommt pünktlich und repariert sogar alles, und wir selber halten an der roten Ampel. Warum also, sehen wir Deutsche es nicht ? - weil der Prophet im eigenen Lande nichts gilt. Weil wir selbst ja ohnehin alles Schlechte besser wissen.

Kloppo würde sagen:
„uns geht es gefühlt schlecht nach dem Weggang von Götze. Aber die Bayern hauen wir trotzdem weg !"
Nina würde sagen: „Schule ist langweilig – Papa, isso...!"

Der BANK-CODE

3 „der kleine Kaufmann"
...oder von dem, der nicht flüchten kann.

Bei all dem geht natürlich nichts ohne Geld und deshalb ist die Finanzwelt viel mehr an allem beteiligt, als wir so wahrnehmen. Und jetzt die schlechte Nachricht: die Banken sind nicht immer nur die guten Samariter, die brav alles finanzieren. Damit wir billig Essen und der neuseeländische Apfel, der peruanische Spargel, oder die israelische Erdbeere und unsere deutsche Pizza 12 Monate im Jahr für 2,99€ bei Edeka zu kaufen sind! - Nein, die Banken verfolgen auch ihre eigenen Interessen. Sie handeln weit mehr mit Produkten, die nicht ihrem originären Betriebszweck entsprechen, als es uns klar ist. Nicht nur mit Finanzprodukten, sondern auch Rohstoffen und anderen Dingen. Eigenhandel nennt man das dann so harmlos. Wo das Risiko bleibt, haben wir dann 2008 gesehen.

Genau hier wird es aber kritisch, wenn wir nicht aufpassen. So isses...!

Nun ist all das ja kein autarkes System unter einer Käseglocke. Klar! Es hängt eben Alles mit Allem zusammen. Die Äpfel mit dem Spargel und die Erdbeeren mit der Milch. Sogar die Salami mit der Pizza. Aber auch Diese mit der HSH Nordbank oder der Deutschen Bank. Warum?

Die HSH Nordbank finanziert z.B. Schiffe, darunter viele Containerfrachter. In der Welt gibt es ungefähr 4000 größere dieser Pötte. Davon werden in Hamburg rund um die Hafencity fast die Hälfte bereedert. Das heißt, es werden die Frachten für die Schiffe besorgt und damit die Linien rund um die Welt befahren. Auf diesen Linien geht es zu, wie auf dem Hauptbahnhof.

Der BANK-CODE

3   „der kleine Kaufmann"
...oder von dem, der nicht flüchten kann.

Wehe der Containerriese kommt mit 18.000 *TEU* (TEU = 20ft Standard-Container), 200.000 tons *BRT* und 180.000 PS auch nur 1 Stunde zu spät in Hamburg, Rotterdam oder Hongkong an, um zu löschen und zu laden. Gemessen an der Distanz und der Reisezeit ist das ungefähr so, als wenn die Bundesbahn auf der Reise von Köln nach Hamburg ganze 28 Sekunden zu spät kommt. Jeder weiß was das heißt und wendet sich lächelnd der Realität zu und der Deutschen Bundesbahn ab.

Was ein solches Schiff kostet und wie lange es dauert, um es zu bauen, in Fahrt zu bringen und nach einem derart straffen Fahrplan mit jeder Reise 18.000 Container, die mit jeweils 5-20 tons netto an Gütern befüllt sind, für uns alle 4 Wochen um die halbe Welt zu fahren, muss klar sein. Millionen €! - Was diese 1 Stunde Verzögerung kostet, wird noch deutlicher, wenn man sieht, dass diese Schiffe 100-200000 $ pro Tag und mehr kosten. D.h. 1 Stunde = 8000$. Diese Schiffe fahren 20-30 Jahre und werden finanziert. In dieser Periode passiert viel. Der Ölpreis geht 100x rauf und wieder runter, der US$ gefühlt und tatsächlich noch öfter. Die Löhne und Gebühren für z.B. den Suezkanal werden im Gegenzug nur teurer usw. Dazu kommt, dass die Missernte eines landwirtschaftlichen Rohstoffs ganze Fahrtrouten von großen Containerschiffen, *Bulkern*, Massengutfrachtern usw., im Laufe der Zeit ändern kann. Vulkanausbrüche ebenso. Wirtschaftskrisen noch mehr. Und jedes mal müssen sich Märkte und Warenströme neu finden. All dies ist ein Geflecht an Risiken, die in 30 Jahren nur schwer vorauszusehen sind. Im Laufe dieser Zeit wird deshalb bei den Reedern viel Geld verdient, aber auch genauso viel verloren, wenn sie ihren Job nicht so gut verstehen würden. Und die HSH Nordbank ist neben anderen Banken immer dabei.

Der BANK-CODE

3 „der kleine Kaufmann"
...oder von dem, der nicht flüchten kann.

Ähnlich bei der Deutschen Bank. Sie finanziert u.a Rohstoffe. Ob es Soyabohnen aus Brasilien, Argentinien oder den USA sind, oder Öl aus Nigeria, oder sogar Textilien aus Indien, oder Solarmodule aus China, aber auch Autos aus Japan sind. Die großen Banken sind immer dabei. Noch mehr ! - viele Güter dieser Welt, vor allem Lebensmittel, müssen über lange Zeit im voraus finanziert, aber auch deren Finanzierung abgesichert werden. Schließlich hat der Mensch die 1-2 Ernten pro Jahr noch nicht automatisiert.

Die Chicago Board of Trade/*CBT* z.B. ist die weltweit führende Börse, um Agrarrohstoffe zu handeln. Hier gezeigt am Beispiel der Soyabohne. Die Ernte, die heute schon in den Silos lagert, aber noch mehr die, die erst morgen und übermorgen wächst, wird in Form von *Futures*, Mengenzertifikaten, gehandelt. Das sind Papiere, die eine bestimmte Produktmenge in einer genau definierten Qualität zu einem bestimmten Termin (Monat / Jahr) an einem festgelegten Ort zu einem fixierten Preis repräsentieren. Dabei sind diese jederzeit frei unter den Teilnehmern der *CBT* handelbar wie eine frei convertierbare Währung. Der Bauer sichert seine zukünftige Ernte und verkauft diese „imaginär" mittels der *Futures* an den Exporteur. Der Exporteur kauft diese *Futures* und sichert damit sein Liefergeschäft ab, z.B. nach Europa. Der Importeur verkauft diese wieder und sichert sich seinerseits seinen Import ab. Die Ölmühle kauft diese ihrerseits wieder und sichert sich damit Ihre Lieferverpflichtung an die Kraftfutterfabrik usw. So ist die Kette immer dadurch geschlossen, dass alle Beteiligten in der Warenflusskette physische Ware in Form der Soyabohnen gegen imaginäre Soyabohnen-Futures als Gegengeschäft in den Büchern haben.

Der BANK-CODE

3 „der kleine Kaufmann"
...oder von dem, der nicht flüchten kann.

Dadurch haben alle ihre Kalkulation und damit ihre Marge zum Zeitpunkt des Handels abgesichert, bis die Ware physisch fließt, d.h. nach der Ernte transportiert wird. Nun kommt die HSH und ihr Kunde, der Reeder, mit einem Schiff. Bringt die 100.000 tons Soyabohnen von *Baton Rouge*/USA nach Hamburg. Dort presst die Ölmühle daraus Soyaöl für Herrn REWE und Soyaschrot für das Kraftfutterwerk. Das liefert an die Bauern das Futter und der die Kühe an die Fleischfabrik, die dann auch für REWE packt.

Der Sinn des ganzen Spiels liegt nun für uns Verbraucher in 3 Dingen, die das ganze System ausbalancieren.

Erstens: Die Fleischpreise sind lange im Voraus, teilweise über Jahre, stabil bzw. stabiler als sie es ohne das System wären, weil deren Teil der Kosten für den Import der Soyabohnen gesichert ist und die Handelsteilnehmer sicher planen können.

Zweitens: Ohne diese Stabilität würden Preise stärker schwanken und schneller Arbeitsplätze in der Industrie kosten. Bei der Reederei, der Ölmühle, dem Kraftfutterwerk, dem Bauer, der Fleischfabrik, REWE usw. Das führt ebenso zu erhöhter Planungs- und Verdienstsicherheit in der Produktionskette, wie auch der Gesellschaft insgesamt.

Drittens: Unser Lebensstandard in den letzten 60 Jahren, seit der Einführung des massenhaften Imports von Soyabohnen als hochwertiger Proteinträger aus den USA u.a. Ländern nach Europa, wäre erheblich geringer als er es heute ist. Wir hätten, wie vor dem Krieg, nur Sonntags Fleisch.

Der BANK-CODE

3   „der kleine Kaufmann"
...oder von dem, der nicht flüchten kann.

In der Woche gäbe es nur Müsli, Obst und Gemüse und keine Salami auf dem Brot. Soyaprotein ist also eine nicht zu unterschätzende Ursache für unser Wirtschaftswunder seit 1945. Nicht umsonst war in den 50er und 60er Jahren Körperfülle ein Zeichen des Wohlstands. Nur mit Müsli und ohne Fleisch hätte das keiner geschafft. Was macht aber die Deutsche Bank dabei?

Sie finanziert nicht nur, wie die HSH, die Schiffe. Sie finanziert den gesamten Handel dazwischen. Auch die *Futures* der Ölmühle oder des Kraftfutterwerks oder des Importeurs müssen teilweise vorfinanziert werden. Warum, wo doch die *Futures* erst bei Lieferung, also nächstes Jahr und sogar noch später eingelöst werden?   Ganz einfach: an der *CBT* in Chicago gilt die Regel, es darf nur handeln, wer die Liefer- und Abnahmeverpflichtung aus seinen Kontrakten mit den Futures in Geld decken kann. Dazu müssen Teile des durch die *Futures* repräsentierten Warenwerts bis zur finalen Abrechnung als Sicherheit eingezahlt werden. Ähnlich einer Kaution. Damit wird u.a. das Risiko von Preisschwankungen an der *CBT* eingegrenzt. Würde das nicht erfolgen, könnte die Pleite eines Marktteilnehmers eine Lawine von unerfüllten Kontrakten hervorrufen. Die wiederum kann die Auslieferung ganzer Ernten in Gefahr bringen, was zu Verzögerungen, Preisschwankungen und Verwerfungen führen könnten, die die Ware im schlimmsten Fall bereits im Silo oder sogar auf dem Feld vernichtet. Das wiederum bringt die Versorgung der gesamten Welt in Gefahr. Wir dürfen nicht vergessen, dass es sich bei den Soyabohnen um eine weltweit erzeugte Erntemenge von über 200 Mio tons handelt. Diese deckt einen erheblichen Anteil an lebenswichtigem Protein der gesamten Weltbevölkerung.

Der BANK-CODE

3   „der kleine Kaufmann"
...oder von dem, der nicht flüchten kann.

Vor 3500 Jahren hatte man die Himmelscheibe von Nebra, um gute Ernten stabil einbringen zu können. Wer die in Händen hielt, war im wahrsten Sinne des Wortes König, wurde gepriesen und gehuldigt.

Weltweit tätige Konzerne wie Reeder Banken und Agrarhändler machen das heute. Wenn also die Deutsche Bank nicht die Futures und die HSH nicht die Schiffe finanziert und dies auch keine andere Bank macht, passiert folgendes: Die Ernten sind alle 6-12 Monate gut oder schlecht. Die Bauern haben weniger Sicherheit und Finanzierungsmöglichkeiten. Sie haben auch kein Geld für Dünger. Es wird weniger angebaut und die gesamte Welt-Soyamenge ist deutlich geringer und deshalb das Protein Mangelware. Die wenigen Schiffe fahren so wie sie voll werden, und beides zusammen erzeugt Lieferschwankungen, die erheblich sein können. Die Folge ist, dass wir entweder für die Salamipizza 4,99€ bezahlen oder sie zeitweise überhaupt nicht kaufen können, weil : kein Soya, kein Futter, keine Kuh, keine Salami, keine Pizza. - Hunger !

Man sieht an diesem Beispiel exemplarisch, wie eng verzahnt die Dinge sind. Es ist also deutlich, dass es keineswegs selbstverständlich ist, wenn wir in Deutschland die Salamipizza von Dr.Oetker sogar für nur 2,49€ kaufen können. Mehr noch, dass wir sie überhaupt kaufen können angesichts dieser Lieferkette über Kontinente hinweg!

Diese Zusammenhänge sind uns Verbrauchern kaum bewusst. Wir ahnen darüber etwas, aber wir kennen die Hintergründe in der Regel nicht. Können wir auch nicht. Unsere Aufgabe ist kaufen und essen. Pizza am besten.

Der BANK-CODE

3   „der kleine Kaufmann"
...oder von dem, der nicht flüchten kann.

Kloppo würde sagen:
„das ist nicht nur gefühlter, das ist Hunger !"
Nina würde sagen: „der Kühlschrank ist leer – ...isso Papa !"

Soweit so gut! - was hat all das Gesagte aber mit dem kleinen Kaufmann zu tun? Nichts. Es zeigt aber sehr gut, dass die beschriebenen Abläufe heutzutage nur noch durch die Großindustrie und Großfinanz geleistet werden können. In der beschriebenen Lieferkette sind die einzigen Klein- oder Mittelständigen Unternehmer die Bauern in den USA, die die Soyabohnen anbauen und die Bauern in Deutschland, die die Kühe mästen.

Alle Anderen, Reederei, Ölmühle, Kraftfutterwerk, Exporteur, Importeur, Fleischfabrikant, Dr.Oetker mit seiner Pizza, REWE und natürlich die Banken sind sehr große Betriebe oder sogar weltweit tätige Konzerne. Unternehmen wie CARGILL, BUNGE oder ADM sind dem normalen Konsumenten unbekannt. Diese drei Firmen gehören aber zu den größten Playern im weltweiten Agrargeschäft. Ihnen gehören von den Feldern über die *Barges* (Flussschiffen), den Inland- und den Seehafen-Silos, den Seeschiffen, den Kraftfutterwerken, den Ölmühlen und den Handelsfirmen nahezu alles in der Lieferkette. Diese Firmen machen jedes Jahr weltweit mit Agrarrohstoffen mehrere 100 Milliarden $ Umsatz und Milliarden $ Gewinne. Man kann sagen, diese Firmen und wenige Andere liefern weltweit ganze Ernten.
Wenn die drei, CARGILL, BUNGE und ADM, husten, verschlucken wir uns an der Pizza, die wir nicht haben! Die Umsätze und die Gewinne dieser Firmen sind natürlich, wie bei Apple und Microsoft, auch mit Hilfe der Banken, immer da, wo die geringsten Steuern bezahlt werden.

Der BANK-CODE

3 „der kleine Kaufmann"
...oder von dem, der nicht flüchten kann.

Diese Firmen können direkt oder indirekt über das Wohl und Wehe ganzer Nationen bestimmen oder sie zumindest beeinflussen. Erst recht derer, die von der Agrarwirtschaft abhängen. Das sind praktisch alle 3-Länder. Entweder als Lieferant oder als Empfänger oder beides. In jeder Hinsicht und in jede Richtung sind die Banken immer dabei. Auch die Deutsche Bank.

Noch einmal: was hat das mit „dem kleinen Kaufmann" zu tun? Sehr viel, weil es eben so gar nichts mit ihm zu tun hat. Weil es den Unterschied der Weltkonzerne zu ihm deutlich macht. Er, der nicht flüchten kann. Er kann seine Umsätze nicht verlagern, nicht seine Gewinne verschieben, nicht sein Personal versetzen, nicht seine Finanzierungen für all das, was nötig wäre, verteilen auf Länder und Kontinente. Nein, der kleine Kaufmann ist der, der vor Ort seine Arbeit macht und versucht mit allen Unwägbarkeiten des Lebens, aber mehr noch der Behörden und Banken zurecht zu kommen. Damit ist er abhängig in jeder Hinsicht, weil er nicht flüchten kann. Und er das auch nicht will. Genau das ist der Unterschied zu den Konzernen und Banken. Die können flüchten, also Tochterfirmen im Ausland gründen und Gewinne verschieben, um Steuern zu sparen. Und sie tun es. Wir brauchen uns nur die geschickten Steuerflüchtlinge unter den Großkonzernen anzusehen. Die Amazons und Starbucks, die Googles und Apples dieser Welt erwirtschaften in einem der wichtigsten Märkte der Welt, in Deutschland, Milliarden Umsätze und Millionen an Gewinnen, zahlen aber kaum oder gar keine Steuern und Abgaben, weil sie die Umsätze zwischen ihren Konzerntöchtern immer dorthin verschieben, wo gerade der geringste Steuersatz gilt. In Europa ist das im Moment Holland.

Der BANK-CODE

3   „der kleine Kaufmann"
...oder von dem, der nicht flüchten kann.

Das konkurrierende Kaffeehaus von z.B. der bekannten Kaffeehausjette Starbucks, der lokale Bäcker um die Ecke, zahlt demgegenüber aber ca. 30% Durchschnittssteuersatz auf seine Gewinne, weil er leider keine Filiale auf den Seychellen oder in Holland hat. So leistet der kleine Bäcker regionale Verantwortung, während sein Konkurrent, der Herr Starbucks, unsere Müllabfuhr, die Parkplätze, die Straßenreinigung, die U-Bahn und die ganze Infrastruktur fast umsonst nutzt. Diese sind aber auch für ihn die Voraussetzung für seinen Umsatz. Das ist in etwa so, als wenn der holländische Urlauber mit seinem Wohnanhänger umsonst und ohne Maut die deutschen Autobahnen auf dem Weg an die Adria und zurück nutzt, während wir mit unserer KFZ-Steuer den neuen Belag gerade bezahlt haben. Im Gegensatz dazu, hätte auch der kleine lokale Bäcker gerne einen Nachlass auf seine 30prozentigen Steuern. Geht aber nicht, weil er zu klein ist, die Seychellen nur aus dem Prospekt kennt und nicht flüchten kann. Wir mit unserer KFZ-Steuer ja auch nicht.

Wie kann der Kleine trotzdem überleben?
Dabei seine Sache noch so gut zu machen, dass er sichere Jobs anbietet und sich im Markt behauptet, um am Ende auch noch etwas für seine eigene Altersversorgung übrig zu haben, die Herr Riester ihm ja auch nicht zahlt?

Das Zauberwort lautet :   Funktion !

Der BANK-CODE

4   „Funktion"
was ist das denn?

Funktion ! - was ist das denn?

Ganz einfach: wer nicht das macht, was gebraucht wird, und wer nicht das zu einem Preis macht, der bezahlt wird. Der erfüllt die Funktion am Markt nicht. Wer die nicht erfüllt, muss weg. Und der ist auch weg, wenn nicht gleich, dann bald.

Nun werden Sie sagen, das kennen wir, alte Kamellen, nichts Neues. Stimmt und stimmt eben doch nicht. Warum? Weil es eben nicht so einfach ist, die Funktion zu finden, die gebraucht wird, um sich so zu behaupten, dass der Konsument dies mit stetigem Kauf der Produkte ohne Gedanken an eine Abwanderung zur Konkurrenz honoriert. Klingt simpel, ist es aber gar nicht. Deshalb versuchen ja auch viele Hersteller sich unlautere Vorteile zu verschaffen, indem sie schummeln oder abgucken, klauen oder sich größer machen als sie sind oder mit Schlamm werfen auf den der stört aber besser ist als man selber. Es gibt viele Möglichkeiten. Gehen Sie durch den Supermarkt und, bleiben wir bei der Pizza, schauen Sie sich die Preise und die Mengenangaben auf den Verpackungen an. Ein beliebtes Spiel hier und anderswo ist natürlich die Relation pro Einheit. Inzwischen steht klein gedruckt immer der Preis pro kg/Liter mit auf dem Regaletikett. So kann man zwischen den Produkten etwas besser unterscheiden. Aber was ist, wenn die geliebte Marke innerhalb der eigenen Produkte die Mengen ändert und für das gleiche Geld weniger einpackt? Die Packung an sich bleibt natürlich gleich groß, sonst würden wir ja gleich darauf kommen. In der Regel fällt uns das gar nicht auf, oder erst, wenn die Pizza bereits gekauft wurde.
So oder ähnlich läuft es doch immer.

4 „Funktion"
was ist das denn ?

Was ist mit den Rohstoffen, aus denen die Pizza besteht? Wo kommen diese her und durch wen werden sie gehandelt? Wir wissen doch aus den verschiedenen Skandalen der letzten Zeit, denken wir an das Pferdefleisch, das immer mehr Zwischenhändler aus immer entfernteren Ländern mit immer dubioseren Methoden Rohstoffe liefern, die nicht das sind, was sie sein sollen.

Diese Leute haben, außer der Verschleierung des Ursprungs, meistens keine sinnvolle Funktion. Deshalb werden sie auch immer nur zeitweise Erfolg damit haben. Das heißt natürlich nicht, dass das System der Vertuschung abgeschafft wird, wenn sie raus fallen. Vielmehr heißt das in der Regel nur, dass der eine Schummler durch den Nächsten ersetzt wird. Erst wenn hier wieder die Behörden die neue Kontrolllücke schließen, kann das System der verschleierten Rohstoffe unterbrochen werden. Die „Fehl"-Funktion ist abgeschafft ! Bis dahin hat sie für alle in der Kette Gewinne erwirtschaftet, weil sie einen Vorsprung vor der Konkurrenz erzeugt hat. Pferdefleisch ist ja hervorragendes Fleisch. Sehr mager und durchaus schmackhaft. Aber leider stand es nicht auf der Verpackung. Schlecht. Das ist die rechtliche Seite.

Die andere Seite ist die des Konsumenten. Der hat eine wohlgenährte Kuh vor Augen und sieht plötzlich den abgemagerten Gaul. Da schmeckt die Pizza gleich nicht mehr so richtig. Auch schlecht.

Kloppo würde sagen:
„dem gefühlten Gaul schaut man nicht ins...."
Nina würde sagen: „ iiiiigitt - isso Papa !"

Der BANK-CODE

4   „Funktion"
was ist das denn ?

Wir merken, so einfach ist es tatsächlich nicht.
Noch ein Beispiel. Anderes Spielfeld. Wahre Begebenheit.
Ein Professor aus der *Oleochemie*; das hat zu tun mit Farben Lacken Klebstoffen Beschichtungen usw.; bekommt von einem Vertriebs-Mitarbeiter ein Muster auf den Tisch. Der Kollege ist als Kaufmann natürlich kein Chemiker, aber er hat sich Gedanken gemacht, wie man einen neuen *UV-härtenden Lack* erweitert anwenden könnte. Er hat den Lack mit Farbpigmenten gemischt und stellt dem Professor die verschiedenen Versuche vor. Dieser nimmt die Muster gar nicht richtig wahr und bügelt den Kaufmann nur damit ab: „das ist Alchemie, so etwas machen wir nicht. Wenn, dann wird das ordentlich wissenschaftlich aufbereitet und dokumentiert!" Damit war die Idee tot und der Elan des Kaufmanns erloschen. Weitere wissenschaftliche Versuche gab es bis heute nicht. Der Kaufmann wusste nur, dass er Kunden hat, die daran interessiert wären, weil das eine naheliegende und praktische zusätzliche Funktion des Materials wäre. Heute macht das eine andere Firma und die des Professors existiert nicht mehr. Sie hat nur geforscht und nie ein anwendungsfertiges Produkt entwickelt. Sie hat ihre Funktion verloren, oder besser nie gefunden. Sie hat tolle Patente entwickelt, aber wie es bei Wissenschaftlern häufig so ist, es wurde nie richtig zu Ende entwickelt. Kein Kunde konnte in der Anwendung vor Ort damit zurecht kommen. Die letzten 5% haben gefehlt. Aber die waren für eine Marktreife entscheidend. Bis jetzt ruhen die teuren Patente in der Schublade. Sie wurden mit reichlich Fördergeldern entwickelt und warten auf einen Erlöser, der die 5% finanziert und das Produkt auf den Markt bringt. So kann es gehen.
Keine Funktion !

Der BANK-CODE

4 „Funktion"
was ist das denn ?

Noch eine wahre Begebenheit aus der *Oleochemie*. Hier ging es um Beton-Klebsysteme. Diesmal aber anders herum. Ein kleiner mittelständischer Betrieb hat eine Kooperation mit einem bekannten Großkonzern und gemeinsam entwickelt man ein Beton-Klebsystem. Der kleine Unternehmer ist auch hier kein Chemiker, aber ein Tüftler, der sich nicht davon abbringen lässt, für die Kooperation Ideen zu entwickeln. Eines Tages hat er eine Mischung, die offensichtlich funktioniert. Warum, weiß er nicht, aber um das zu klären fährt er zu dem Konzern und stellt das Material den 5 Doktoren aus der zuständigen Abteilung vor.
Allesamt hochbezahlte Chemiker. Auf seine Frage, warum diese Mischung denn nun funktioniert, erhält er ein minutenlanges Seminar an der Tafel von allen 5 Fachleuten, dass eine solche Mischung mit den Inhaltsstoffen nicht funktionieren kann. Die Inhaltsstoffe schließen sich teilweise in der Reaktion gegenseitig aus. Die entsprechende Literatur wurde hierfür als Beweis aufgezählt. Er erhält als einhellige Meinung folgendes Fazit: „das geht nicht !"
Daraufhin packt er das Material aus und lässt die Doktoren eigenhändig mischen. Sie tun das widerwillig, weil sie das Ergebnis ja zu kennen glauben; denken sie. Allein es geht doch. Sogar besser als gedacht und eine Grundlage für das Zielprodukt ist geschaffen. Der Unternehmer fragt daraufhin noch einmal: „können Sie mir sagen, warum es doch funktioniert?" - Die Doktoren murmeln einhellig: „wir können es Ihnen nicht sagen, wir haben keine Ahnung!"
Das Beispiel zeigt den Unterschied zwischen beiden.
Der Fachmann staunt, der Laie wundert sich.
So ist es, wie es ist und man kommt zu folgender Erkenntnis:
Beim Wissenschaftler geht nichts, aber er weiß warum !
Beim Amateur geht alles, aber er hat keine Ahnung warum !

Der BANK-CODE

4 „Funktion"
was ist das denn ?

Kloppo würde sagen: „gefühlter Erfolg ist auch einer..."
Nina würde sagen:
„siehste Papa, hab` ich doch gesagt.... isso !"

Was lernen wir daraus für unsere bescheidene, nicht wissenschaftliche Betrachtung? Funktion ist alles. Ohne die geht nichts. Aber im Ernst. Die genannten letzten 5%, die ein Produkt haben muss, weil es sonst in der Schublade verschimmelt, sind häufig die wichtigsten. Warum? Der Anwender vor Ort ist doch immer der, der ganz alleine auf sich gestellt ist und es wird erwartet, dass es funktioniert. Tut es aber nicht immer und nie von alleine. Für den Wissenschaftler ist quasi mit seinen 95% die Problemlösung erreicht, während für den Kaufmann dort erst die 5% Problemlösung beginnen, ohne die er kein Produkt hat. Deshalb verstehen sich Wissenschaftler und Kaufleute selten.
Wir stellen uns einen einfachen gewerblichen Arbeiter vor, nennen wir Ihn „Willy", der auf der Baustelle mit einer Betonmischung arbeiten muss. Es handelt sich um keine normale Sand/Zement/Wasser Mischung, sondern um eine mit Harz und Härter und Füllstoffen die ganz genau abgewogen werden müssen und in einer bestimmten Zeit verarbeitet sein will. Wenn nicht, dann ist das Material unwiderruflich kaputt; der Verlust ist ordentlich, weil solche Materialien sehr viel teuer sind als herkömmlicher Beton. Der Chef sagt, Willy mach mal, das Zeug ist gut. Ganz neu entwickelt. Brauchen wir, geht schnell. Willy macht und stellt fest, es geht zwar, aber einfach ist das nicht. Er hat Schwierigkeiten immer in der richtigen Zeit die richtige Menge an den richtigen Ort in die richtige Form zu bringen. Außerdem sind diese Materialien mit Harz und Härter aus einem Rohstoff (BPA), der flüssig hoch giftig ist, Allergien und Anderes auslösen kann und zudem stinkt.

Der BANK-CODE

4   „Funktion"
          was ist das denn ?

Was macht Willy?

Er erklärt das Produkt für nicht einsetzbar und führt an, dass er eine Gasmaske braucht, um dem Arbeitsschutz zu genügen. In Wirklichkeit macht er es ohne Gasmaske, obwohl es stinkt, weil er feststellt, dass er mit Gasmaske nicht hantieren kann, um alles in Position zu bringen. Davon, dass er keine Lust hat auf so ein kompliziertes stinkendes Produkt, mit oder ohne Gasmaske, erzählt er natürlich nichts. Der Chef mault, hat aber keine Wahl. Willy bekommt ein anderes Produkt, das nicht diese Schutzmaßnahmen benötigt, nicht stinkt, aber Willy`s Eingangskontrolle problemlos durchläuft. So, oder ähnlich geht es gelegentlich auf dem Bau und anderswo zu, wo der Chef mal da ist und mal eben nicht. Willy führt das Regime und entscheidet, öfter als es dem Chef lieb ist, selbst, was geht und was nicht. Willy ist der Entscheider über die letzten 5% zur Anwendungsfähigkeit eines Produkts. Wer die Hürde „Willy" nicht nimmt, der hat keinen Markt, keine Funktion ! So einfach kann das sein. Da kann der Professor schimpfen, wie er will und die Doktoren sich wundern solange, sie wollen.   Der Elfenbeiturm der Wissenschaft kann da sehr hinderlich sein.

Noch ein kleines Beispiel. Diesmal ist unser „Willy" der Produktionsleiter eines großen Süßwarenhersteller. Er muss u.a. Pulvermischungen in eine Emulsion, also eine viskose honigartige Flüssigkeit umwandeln. Dabei staubt es an der Mischmaschine. Das ist lästig. Nun informiert er seine Geschäftsleitung und verlangt eine industrielle Staub-absauganlage. Die kostet mehrere Zehntausend €uro. Da kommt ein Kunde, der Inhaber eines kleinen Betriebs von dem später noch die Rede ist, und schlägt ihm eine einfache Edelstahlabdeckung für den Mischbehälter für ca. 150€ vor. Geht auch. Funktion erfüllt. Produktionsleiter blamiert.

Der BANK-CODE

4   „Funktion"
was ist das denn ?

Wie gesagt, Willy macht das, oder eben nicht. Denken Sie an Ihre Kinder, wenn sie am Süßigkeiten Regal im Supermarkt vorbeilaufen. So schnell rennen können Sie gar nicht, wie ihr Kind, gleich welchen Alters, zielsicher die Milchschnitte erkennt, die es, ob der bunten Figuren darauf, aus lebenserhaltenden Gründen jetzt und sofort haben will.

Machen Sie sich nichts vor. Ihr Kind ist wie Willy. Es trifft zuerst immer Entscheidungen, die SIE nicht zu diskutieren haben. Glauben Sie nicht ? Versuchen Sie es ! - aber denken Sie daran, dass Sie vor der Schlacht entscheiden müssen, ob Sie das „Nein" auch bis zum bitteren Ende durchhalten. Wenn nicht, ziehen Sie nicht in die Schlacht. Sie verlieren mit Gewissheit und kommen nur mit hohen Verlusten in ihre Stellungen zurück.

Das schlägt erzieherische Wunden, an denen Sie lange knabbern werden. Sie haben Ihre Funktion eben nicht erfüllt! Wenn unsere Gören etwas können, dann das. Und das Schlimme ist, sie merken sich alles und bauen ihre zukünftige Strategie darauf auf. Bevor Sie das merken, haben Sie längst ein zweites Mal verloren. Und ich sage Ihnen eins. Willy, macht das genau so. Der Markt auch !

Das Gedächtnis, wie gut jemand seine Funktion erfüllt, die ihn berechtigt und es ihm ermöglicht, über die marktübliche Marge noch eine kleine Prämie für sein Produkt zu verlangen und vom Kunden zu bekommen; dauerhaft zu bekommen; ist der große Unterschied, die es auch dem kleinen Unternehmer möglich macht zu überleben und sich damit von seiner Konkurrenz zu unterscheiden. Alleinstellungsmerkmal könnte man das nennen.

Der BANK-CODE

4   „Funktion"
was ist das denn ?

Und genau hier liegt der Unterschied zu Konzernen. Genau deshalb hat der Professor Alchemie abgelehnt und die Doktoren nicht gewusst, dass das Produkt des Unternehmers doch funktionierte. Weil beide es nie versucht haben. Weil beide dachten, es kann nicht sein, was nicht sein darf. In Konzernen ist das deshalb wichtig, weil dort die Konkurrenz der Kollegen im Unternehmen nie schläft. Keiner kann sich sicher sein, dass nicht morgen vom Kollegen an seinem Stuhl gesägt wird. Also darf er keine Fehler machen. Um so mehr weicht er nie von dem Mainstream ab, um unangreifbar zu bleiben. Leider kommt dabei auch nur selten eine Innovation heraus. Manchmal noch nicht einmal ein Produkt mit Willy`s 5%, und so bleibt Gutes in der Schublade.
Warum gehören diese kleinen Geschichten zu dem Großen und Ganzen in der Finanzwelt? Weil die Erhaltung der Funktion im Markt, gerade für kleine Unternehmen, Flexibilität und ständige Innovation und den richtigen Standort zum Kunden erfordert. Weil nur dies sie schützt vor den Konzernen. Denn diese sind nie flexibel und nie schnell, aber immer finanzstark. Nur die Funktion sichert dem Kleinen die Marge, die er braucht, um gegen die Großen zu bestehen. Ein letztes Beispiel: Die Pizza, die wir im Supermarkt für sogar nur 2,49€ kaufen, kostet an der Tankstelle um die Ecke 3,99€ oder sogar 4,99€ - warum? Warum kaufen wir sie trotzdem? Jeder weiß es: weil die Tanke 24h geöffnet hat und wir pünktlich nach dem Schließen des Supermarkts doch noch Pizza essen wollen, befinden wir uns sozusagen im kulinarischen Notfallmodus. Entweder wir hungern bis morgen um 8 Uhr, oder wir zahlen die Pizza für 4,99€! - Diese Sonderfunktion der Tanke ist somit die räumlich und zeitlich begrenzte Verfügbarkeit, besser das Monopol, auf die Deckung der Nachfrage eines gängigen Produkts gepaart mit überhöhtem Angebotspreis.

Der BANK-CODE

Die Differenz zum Preis im Supermarkt ist die Sonderprämie für diese Extra Funktion. Sie können ja mal ihren Tankwart fragen, wann er die meisten Pizzas verkauft. Bestimmt nicht tagsüber! - also lautet die Definition wie folgt : Keine Funktion, keine Prämie auf die Marge, weniger Ertrag, weniger Investition, weniger Kunden, weniger Umsatz, noch weniger Ertrag, mögliche Existenzgefahr

Und wenn hier die Banken nicht mit Finanzierungen helfen, steht es schnell schlecht mit der Marktposition des Kleinen. Ist man aber innovativ und hat etwas, was die Konkurrenz nicht hat (siehe Tanke), mit dem eine Prämie zu erzielen ist? Dann kommen sogar die Banken auf die ungewöhnliche Idee, den Mittelstand zu finanzieren. Am liebsten nehmen sie dann aber die Patente, Maschinen, Immobilien, oder was sonst noch zum Zweck der Finanzierung als Sicherheit dient, in Verwahrung. Da der Kleine auch nicht flüchten kann, ist das ein Leichtes. Man kann ja nie wissen, denkt sich die Bank und hält die Sicherheiten fest. Manchmal, um diese irgendwann an die Großen zu versilbern. Der Kollege sitzt ja mit dem Bänker im Aufsichtsrat der *Deutschland AG*. Und bei Schnittchen in der Pause ist man sich da schnell einig.
Ein Schelm, wer Böses dabei denkt.
Die Funktion ist also etwas sehr simples, Konservatives aber Alternativloses. Man könnte Funktion auch mit „Unternehmergeist" umschreiben. Wer den hat, der sucht immer nach einer Marktnische, besetzt diese und sichert sie gegen äußere Angriffe ab. Er ist innovativ. Kleine wie Große können, ja müssen diesen Unternehmergeist haben. Gleichzeitig schützt er aber das für ihn bewährte und etablierte Geschäft, weil es die Basis des Bisherigen und Grundlage für das Neue ist.

Der BANK-CODE

4   „Funktion"
was ist das denn ?

Deshalb ist er ebenso konservativ, weil er damit bewahren kann, was er erreicht hat. Dieser fein gesteuerte Ausgleich zwischen Alt und Neu sichert die Funktion.

Kloppo würde sagen:
„Angriff ist die, gefühlt, beste Verteidigung !"
Nina würde sagen:
„ich will aber doch diese Schuhe, brauch ich....Papa isso!"

Was haben wir gelernt? - die große weite Welt ist zwar schön, aber kompliziert. Die vielen schönen Produkte kommen aus aller Herren Länder und deren Weg ist weit und will überwunden werden.

Die vielen kleinen und großen Kaufleute mühen sich redlich, damit unsere Hausfrauen und Hausmänner immer alles quasi „just in time" aus dem Supermarktregal in die Kühlschränke und Kochtöpfe bekommen, bevor die Gören plärren oder der Menne muffelt. Manchmal muss der gemeine Konsument sozusagen den Eindruck bekommen, dass nicht nur der Strom aus der Steckdose, das Geld aus dem Automaten oder „Malle" vor der Haustür ist, sondern auch die Milch immer aus dem Tetrapack kommt und nicht von der Kuh ! Dass all das eben nicht so selbstverständlich ist und wie leicht dieses fragile Gerüst auseinanderbricht, zeigen uns so „banale Ereignisse", wie der Vulkanausbruch in Island – den Namen habe ich jetzt vergessen – oder die sogenannten Jahrhundertfluten, die uns nunmehr regelmäßig alle 10 Jahre ereilen. Wenn die eintreffen, dann stimmt plötzlich der „sympathische" Spruch auf der Rückseite mancher LKW`s die wir gerne schimpfend überholen: „ohne mich wäre die Autobahn leer. Ihr Kühlschrank aber auch!"

Der BANK-CODE

5 „der kleine Bänker"
...oder, über die, die sich dafür halten.

Bei all dem geht uns der Blick auf die vielen Puzzelstücke im Hintergrund verloren, die nötig sind, damit alles funktioniert. Das wichtigste dabei ist natürlich, sie haben es geahnt, das Geld und sein reibungsloser Fluss. Womit wir bei der unbekannten Spezie, dem Bankkaufmann sind. Neudeutsch auch „Banker" besser „Bänker" genannt. Dieser Kaufmann handelt also offensichtlich mit Geld und allem was dazugehört. Häufig ist er auch nur Gebührenempfänger für Dienstleistungen die er im Rahmen des weltweiten Handelsverkehrs ausübt. So zum Beispiel auch bei der Abwicklung von Auslandsgeschäften. Der Dokumentenabwicklung. Da allerdings kann der Bänker auch ein wenig lästig, pingelig, für andere Kaufleute werden. Sogar so sehr, dass er ganze Geschäfte in Gefahr bringen kann. Dabei fällt mir folgende Geschichte ein, die dies anschaulich macht.

1987 habe ich Zucker gehandelt und abgewickelt. Das war nach den Soyabohnen und vor den Konserven. Die kommen später. Wir hatten eine Verladung von 12000 tons Rohzucker von Hamburg nach Casablanca/Marokko. So ein Geschäft läuft üblicherweise über ein *L/C*. Das ist ein Letter of Credit, also ein unwiderrufliches Zahlungsversprechen der Bank des Kunden an die Bank des Lieferanten, dass gegen die im L/C beschriebenen Dokumente die Zahlung gesichert zu einem festgelegten Zeitpunkt erfolgt. Zu dem Zweck wird in dem L/C das Handelsgut und die benötigten Dokumente mit Menge, Preis, Termin, Lieferbedingungen, Verpackung, Qualität usw. genau beschrieben. Dann sind beide Handelspartner sicher, dass sie beide das bekommen, was sie gehandelt haben. So weit so gut. In diesem Fall hatte das Ganze aber eine Schwierigkeit, wie sich herausstellte.

Der BANK-CODE

5   „der kleine Bänker"
         ...oder, über die, die sich dafür halten.

Die 12000 tons sollten lose verladen werden. Nichts Unübliches, aber wenn lose Ware mit dem *Elevator* (Saugbagger) in das Schiff gepumpt oder mit dem Bagger in das Schiff geschaufelt wird, dann kommt dabei nie eine exakte Menge von 12000 tons heraus. Sondern 11997 oder vielleicht 12001 tons. Nun hat der Kunde aber das *L/C* von seiner Bank ausstellen lassen mit exakt 12000 tons bzw. 12.000.000kg. Er hat also das kleine Wort „circa" vergessen das eine spezifisch definierte Bandbreite um die Nominalmenge zulassen würde. So etwas fällt nicht gleich auf. Nun war das Schiff im Hafen am Laden und gerade fertig.   Wir bekamen die Ladedaten, mit denen die Dokumente ausgestellt wurden. Insbesondere das *B/L* - „Bill of Lading"! Das *B/L* oder auch Konnossement ist das entscheidende Dokument, das das Eigentum an der Ware bestimmt. Wer das in Händen hält, dem gehört die Partie. Der Zufall wollte es, dass das Schiff 12.000.100kg geladen hatte. Also haarscharf an der exakten Menge vorbei. Der Kapitän hatte alles fertig, der Hafenlotse kam an Bord und das Schiff fuhr ab. Nun standen wir da mit unserem angenähten Hals und hatten ein Problem. Es hätte nämlich sein können, dass ein pingeliger Bänker der Kundenbank die Menge und damit das B/L reklamiert, weil es nicht exakt 12000 tons sind. Das hätte ihn berechtigt die Partie, die Dokumente zu stoßen, das heißt abzulehnen. So etwas kommt gerne dann vor, wenn die Preise in der Zwischenzeit vom Kauf zur Verladung sinken und der Kunde heute besser als gestern kaufen kann. Da sucht der geneigte Kundenbänker schon mal nach dem falschen Komma im Dokumententext. Das kann nämlich durchaus Tausende € wert sein. So unglaublich es klingt, aber leider ist es so. Was tun ?

Der BANK-CODE

5   der kleine Bänker"
...oder, über die, die sich dafür halten.

Zum Glück war die Abweichung ja nur 100kg und nicht 10 tons. So kam ich auf die Idee, über den Schiffsagenten den Kapitän zu fragen, ob er ein neues *B/L* mit exakt 12.000 tons auszustellen bereit ist. Das liegt durchaus in seinem Ermessen, 100kg können ja leicht an Deck verstreut liegen. Ausserdem ist es auch in seinem Interesse. Wenn es nämlich im Löschhafen Streitigkeiten mit den Dokumenten und der Ladung gibt, dann kann es Verzögerungen geben und er, der Kapitän, ist der Leidtragende, weil er erst verspätet neue Ladung aufnehmen kann, obwohl er die zusätzliche Löschdauer als *Idle-time* bezahlt bekommt. Die ist nämlich in dem Frachtvertrag mit der Reederei vorab definiert. Wir wissen ja bereits von den Soyabohnen, dass ein Schiff täglich etwas mehr als nur 2,50€ kostet. Sondern, „gefühlt", Tausende US$. Gesagt getan, er war einverstanden. Aber wie die B/Ls austauschen, wo das Schiff schon 2 Std. auf der Elbe auf Höhe von *Hahnöfersand* war? Dazu war es, wie üblich für solche Fälle, Freitag Nachmittag gegen 15:30 ! Hier kam uns die besondere Lage des Hamburger Hafens zu Hilfe.

Er liegt etwa 120km landeinwärts und die Schiffe brauchen bei 12ktn Fahrt, das sind 22km/h, ca. 5-6Std. bis zum letzten Lotsen der sie aus der deutschen Bucht geleitet. Dieser wechselt in Brunsbüttel mit dem Elbelotsen. Also nichts einfacher als das. Ich nahm die „alten" *B/Ls* unter den Arm, sprang in den Wagen fuhr unter Prüfung der Stabilität des Bodenblechs nach Brunsbüttel zum Lotsenhaus, um rechtzeitig vor Auslaufen des letzten Lotsenbootes dort zu sein. Die Lotsen vor Ort waren vorab befragt worden und stimmten dem Manöver zu. Ich kam tatsächlich erst 15 Minuten vor Auslaufen in Brunsbüttel an. Schon ging es aufs Boot dem Zuckerfrachter entgegen.

Der BANK-CODE

5 der kleine Bänker"
...oder, über die, die sich dafür halten.

Wir gingen längsseits, der Lotse und ich sprangen über, und der Elbelotse kam an Bord. Statt gleich wieder abzulegen blieb er mit dem Pilot-Boat aber längsseits. Wir stürmten mit einem Decksmann die Treppen hoch in die Kajüte des Käptn's, und der stand schon dort mit den frisch gestempelten und gezeichneten neuen *B/Ls*, um die Alten im Austausch Zug um Zug in Empfang zu nehmen. Begrüßung, kurzer Schnack, Prüfung der Dox, Seemannsdank und immer eine Handbreit Wasser unterm Kiel. Schon sprang ich die Stufen wieder runter und bei halber Fahrt über Bord ins Lotsenboot. Ab ging es zurück nach Brunsbüttel! Das war auf den letzten Drücker.

Als ich Abends nach Hause kam, wurde mir erst bewusst, dass ich mit den *B/Ls* nun übers Wochenende, ich glaube es waren 3,8 Mio US$ im Schrank hatte. Es war das Wochenende zum 12.Oktober 1987 an dem Herr Barschel in Genf tot gefunden wurde. Hatte ich nicht schon Krimi genug erlebt? So kann es gehen, wenn der eine Kaufmann, der Händler, dem Anderen, dem Bänker, aus Erfahrung lieber nicht trauen sollte, weil er dessen typisches Handeln kennt. Alles ging glatt, das Schiff kam in Casablanca sicher an und löschte in der vorgesehen Zeit. Die *Dox* wurden von der Bank geprüft und die Partie termingerecht gezahlt. Hätte auch anders ausgehen können.

Wir haben gelernt, dass es kleine und große Kaufleute gibt und dass beide eine Funktion haben oder erfüllen müssen, um ihr Geschäft ordentlich ausführen und Gewinne erwirtschaften zu können. Uns allen ist dabei auch klar, dass Bänker wohl eher der Gruppe der großen Kaufleute zugehörig sind als der der kleinen Kaufleute. Insbesondere, weil die Banken große Umsätze machen, meistens überregional oder sogar weltweit agieren und mehrere hundert oder tausend Mitarbeiter haben.

Der BANK-CODE

5   der kleine Bänker"
...oder, über die, die sich dafür halten.

Soweit so gut mit der Zuordnung.
Wie steht es aber mit der Funktion?

Wir haben auch gelernt, dass diese wichtig ist, um langfristig am Markt sinnvoll und profitabel zu agieren und den Zweck zwischen Angebot und Nachfrage, nämlich deren Ausgleich, zu erfüllen. Hier wird es schon schwieriger. Jedenfalls für uns Normalverbraucher. Was macht der Bänker eigentlich? Wir kennen unseren Bänker hinterm Tresen in der Hausbank. Ein netter Kerl der uns immer ein Käffchen und Kekse anbietet, wenn es im Nebenraum etwas mehr zu besprechen gibt, als nur die Kontoauszüge oder die Reiseschecks abzuholen. Auch kennt er uns häufig besser als wir Ihn. Er weiß, ob wir verheiratet sind, Kinder haben, Häuschen oder Wohnung, was und wo wir arbeiten, und sogar was wir verdienen. Eine ganze Menge und noch mehr, während wir von Ihm eigentlich so gut wie gar nichts wissen. Komisch ! Wo es doch um so sensible Dinge, wie über fast alles Intime einer Person oder Familie geht. Und das alles steht dann auch noch in seinem Computer und ist für alle in der Bank einsehbar. Und die Kollegen kennen wir dann schon erst recht nicht mehr. Es gehört schon sehr viel dazu, dass wir das alles mit uns machen lassen. Mindestens eins: Vertrauen.

Und zwar ziemlich grenzenloses und sehr einseitiges Vertrauen. Wenn wir das aber schon haben, weil uns gar nichts anderes übrig bleibt, dann bitte nicht jedes Jahr bei einer anderen Bank. Also bleiben wir bei unserem Hausbänker und fügen uns. Vor diesem Hintergrund muss es uns doch schon gelegentlich in den Sinn kommen, dass wir ziemlich leichtgläubig sind.

Der BANK-CODE

5   „der kleine Bänker"
        ...oder, über die, die sich dafür halten.

Sicher hat sich schon jeder einmal darüber Gedanken gemacht und ein etwas ungutes Gefühl, wenn man so dies und das preisgibt, geben muss, weil die Bank danach fragt. Wir sitzen ja beim Käffchen im Nebenraum und der Bänker sitzt vor uns, schaut auf sein Formblatt und fragt hiernach und danach. Wir, ganz entspannt, antworten so, oder so. Man will ja die entspannte Atmosphäre nicht stören und keine unsäglichen Nachfragen stellen. Außerdem könnte es ja auch noch sein, dass wir damit unsere Unwissenheit in den Dingen offenbaren. Das wäre nicht so gut, da wir ja eigentlich glauben, wir sind der Souverän in der Situation. Wir der Kunde, der ja eigentlich König ist. Wie im Supermarkt oder im Kaufhaus eben. Am Ende des Gesprächs gehen wir mit wohl gesetzten Schritten aus dem Raum, es geht ja prinzipiell leise zu in einer Bank und man will ja weder stören noch auffallen. Der Bänker begleitet uns zur Tür und verabschiedet uns formvollendet. Erst wenn wir uns durch die Glastür auf die Straße bewegen, erschlafft der gerade Rücken, der Bauch kommt raus und die Schultern sacken wieder zusammen. Wir schlurfen davon und wissen nicht so recht, ob und wie sich der Inhalt des Gesprächs jetzt auf das gewünschte Anliegen auswirkt. So ähnlich wie bei einem Bewerbungsgespräch. Man ist stolz, aber gleichzeitig verunsichert, was denn wohl als nächstes kommt. Aber wir haben ja Vertrauen. Unser Bänker macht das schon.
Denken wir. So oder ähnlich spielt es sich doch immer ab, wenn wir etwas von der Bank oder die Bank etwas von uns will? Das Gefühl kennen Sie sicher auch. Ein wohliges Unwohlsein. Schon komisch, oder? Woher kommt das?
Der Bänker in Person ist gewissermaßen die Schnittstelle zu der großen und für uns Verbraucher am Ende des Tages doch einigermaßen undurchsichtigen Finanzwelt.

Der BANK-CODE

5   „der kleine Bänker"
...oder, über die, die sich dafür halten.

Gleichzeitig ist der Bänker aber ein Mensch, den wir zu kennen glauben und für sich gesehen ist eine Person sehr kleinteilig. So wie wir selbst. Wir beide sind sozusagen der kleinste gemeinsame Nenner und die Stufe auf der sich die kleine Ameise mit dem großen Elefanten, der Kunde mit der Bank, unterhalten kann. Dazu kommt, dass wir unser bestes, das Geld, unsichtbar an den Bänker verleihen. Das ist heutzutage mehr als es früher der Fall, denn alles ist online und wir sehen nur Zahlen.

Selbst die Brieftasche enthält immer weniger Bargeld, weil die EC- oder Kreditkarte alleine besser in die enge Jeans passt.
Wir verleihen also unser Geld an den Bänker, obwohl es auf dem Girokonto gar keine und auf dem Sparkonto fast gar keine Zinsen gibt. Trotzdem hat die Bank jeden Tag Millionen, nein Milliarden von uns allen auf ihrem Konto, das Sie über Nacht verzinsen kann.

So verdient die Bank erhebliches Geld. Quasi im Schlaf. Dass wir trotzdem meistens Kontogebühren zahlen, ist dabei ein willkommenes Zubrot für sie. Sie kennt uns und unsere Gewohnheiten und kann genau sagen, wann wir wie viel Geld im laufe des Monats abheben, um die monatlichen Kosten zu begleichen.

Mit diesem Sockelbetrag arbeitet sie ununterbrochen, denn ihr Personal, also der nette Bänker, ist ja teuer. Sagt man uns. Das stimmt sogar, aber wenn das mit den Kontogebühren bezahlt ist, warum bekommen wir dann nicht Tages- besser die Übernachtungszinsen, die mit unserem Geld verdient werden? - zumindest könnte man sich die ja teilen, weil die Bank es ja für uns verdient. Nur so ein Vorschlag.

Der BANK-CODE

5 „der kleine Bänker"
...oder, über die, die sich dafür halten.

Man kann ja mal fragen. Aber gut, wir wollen keinen Streit oder lautes Wort, es geht ja gesittet zu in der Bank. Und wenn die Bank sagt, das verstehen wir Kunden nicht und es ist ganz anders, dann glauben wir das ja auch und schleichen uns. Warum eigentlich?

Kloppo würde sagen: „nicht nur gefühltes, klares Foul!"
Nina würde sagen: „verstehe ich nicht Papa....isso!"

Es ist ja richtig, dass wir die Banken brauchen. Nicht nur in der heutigen Zeit und wie seit tausend Jahren bedarf es eines Systems, dass den Geldfluss regelt und technisch organisiert. Eine Mindestgeldmenge für alle zur Verfügung hält. Keine Frage. Mehr den je. Dies ist ja vorher ausreichend beschrieben worden, und wir alle profitieren auch davon, indem unsere Pizza nicht nur in der Truhe liegt, sondern diese sogar zu einem Preis, der uns gut zu pass kommt und das sogar 365 Tage im Jahr. Aber muss es so undurchsichtig sein? So einseitig? So wenig auf Augenhöhe? Also doch Ameise gegen Elefant, obwohl wir mit unserem Geld die eigentliche Basis aller Geschäfte sind? Ohne unsere Arbeit kein Einkommen und keine Nachfrage. Gleichzeitig auch keine Produkte, kein Angebot ohne unsere Arbeit. Wir stehen also mit unserer Arbeit und unserem Einkommen immer auf beiden Seiten der gleichen Medaille und sind Teil der Produktion und des Konsums.
Irgendwie hat man das Gefühl, dass wir als Konsumenten zwar der wesentliche Teilnehmer an dem weltweiten Spiel sind, aber in Sachen Teilhabe am Geldfluss ein wenig, sozusagen mit einem Bein, außen vor. Von dem Einblick, wie das Ganze überhaupt läuft und funktioniert, gar nicht zu sprechen.

Der BANK-CODE

5 „der kleine Bänker"
...oder, über die, die sich dafür halten.

Nun hat sich in den letzten Jahren auch hier viel getan. Wir alle können im Internet online Banking machen und Anteile, Scheine, Fonds, ja sogar Kredite etc. kaufen. Wunderbar, aber auch hier ist es am Ende eher so, dass wir nur die Geldgeber sind und häufig nicht wissen, was da eigentlich passiert und wofür welche Gebühren sind. In welcher angemessenen Höhe schon überhaupt nicht. Transparenz ist hier zwischen all den Anbietern nur scheinbar gegeben. Und so wenden wir uns auch hier, mangels echter Alternative in Sachen Vertrauen, an unseren Hausbänker. Der macht das schon.

Er hat dazu ein ganzes Portfolio. So nennt man das Neudeutsch. Also eine ganze Produktliste an Scheinen, Optionen, Aktien, Obligationen, Krediten etc. Am Ende interessiert uns, und den Bänker, nur eins. Wie viel, wie lange und zu welchem Zins. Das schöne ist sogar, dass wir beide, wenn es um Anlagen geht, häufig der gleichen Meinung sind. Hohe Summen und lange Laufzeiten mit hohen Zinsen sind prima. Her damit ! - leider sagt der nette Bänker uns nicht so wirklich gerne, dass hohe Zinsen bei Anlagen auch hohes Risiko bedeuten. Peanuts, dazu später. Bei Krediten ist es eher anders herum. Hier hätten wir gerne viel für lange und für wenig Zinsen. Der nette Bänker aber lieber nicht so viel, dafür nicht so ganz lange aber um so mehr mit hohen Zinsen.

Von den Gebühren spricht er nur am Rande. Und weil wir in ihn ja so viel Vertrauen haben, sagt er uns im Gegenzug nicht so wirklich gerne, dass er uns gar nicht vertraut. Das würde ja auf die Stimmung drücken, und dabei würde der Kaffee kalt und die Kekse trocken. Wäre doch schade drum.

Der BANK-CODE

5 „der kleine Bänker"
...oder, über die, die sich dafür halten.

So fügen wir uns erneut in unser Vertrauen und sollen am besten mit dem hohen Kreditzins die noch höher verzinsten Fondanteile des gerade offerierten geschlossenen Immobilienfonds kaufen. Laufzeit 20 Jahre. So, oder ähnlich hätte unser Bänker es am liebsten. „Unterschreiben Sie bitte unten rechts. Das Kleingedruckte gebe ich Ihnen mit. Lesen Sie sich das in Ruhe zu Hause durch". Und über die Provisionen für den netten Bänker redet man ohnehin nicht. Das gehört sich nicht. Pflegeleichte Kundschaft !

Am Ende ist alles wie gehabt. Eine echte Kunden-Lieferanten-Beziehung zwischen dem Bänker und uns kommt nicht wirklich auf. Man hat immer das leichte Gefühl, der Bänker ist zwar nett und zuvorkommend und er kümmert sich und weiß viel über uns, aber bei diesem intimen Wissen über uns müsste er irgendwie offener uns gegenüber agieren. Er müsste deutlicher erklären, warum uns seine Bank so oder so behandelt? Warum sie dies und jenes fragen und Informationen weiterleiten muss? Was der Gesetzgeber fordert und was die Bank intern aufgrund der eigenen Regeln wissen muss oder wie dieses oder jene Produkt tatsächlich funktioniert? All das geschieht nicht oder nicht ausreichend und es bleibt immer ein fader Nachgeschmack, ob die Bank eigentlich zurecht einfordert oder wissen muss, was sie uns fragt? Wir sind nie sicher, ob nicht doch ein unehrliches Spiel mit uns, unseren Daten und auch unserem Geld gespielt wird. Dann erleben wir in den letzten Jahren vermehrt, dass erfahrene Bänker immer öfter ausgetauscht und durch junge Leute ersetzt wurden, bei denen man nicht nur einmal den Eindruck hat, dass sie keine Ahnung von all dem haben, worum es uns Kunden geht, gelegentlich noch nicht einmal Ahnung von ihrem eigenen Geschäft und ihren Produkten.

Der BANK-CODE

5   „der kleine Bänker"
...oder, über die, die sich dafür halten.

Dass diese Strategie häufig eine Zumutung für erfahrene Kunden ist, liegt auf der Hand. Wenn der Kunde so einfach, wie im Supermarkt den Lieferanten wechseln könnte, dann hätte so manche Bank ein erhebliches Problem.

Kann er aber nicht. Als ob man eine Dienstleistung wie das Bankwesen so betreiben könne, als gäbe es keine Endkunden. Die Kundenkontaktzeiten auf 3 Minuten beschränken. So ähnlich machen es ja die Ärzte vor, wenn sie die Begrüßung / Untersuchung / Diagnose / Rezeptausstellung in der gleichen Zeit schaffen wollen oder müssen.

Die Bänker haben scheinbar ähnliche Vorgaben. Am liebsten verkaufen sie Kredite, die vorab am Telefon besprochen und die Papiere vorbereitet sind, wenn wir in die Filiale kommen. Wir unterschreiben nur noch. Dann spart man sogar noch Kaffee und Kekse. Prima, aber leider ist es genau so. Ich erinnere mich an eine bekannte Bank, die vor 15 Jahren alle kleinen Privatkunden unter 200.000DM Vermögen rausgeschmissen hat. Nein, nicht rausgeschmissen, sie hat diese in eine neu gegründete Tochterbank ausgelagert, weil ein anderer Geschäftsbereich, nämlich das Investmentbanking, zu der Zeit weit lukrativer war.
Nur um keine 5 Jahre später festzustellen, dass es nicht funktioniert. Dann dreht sie nicht nur alles wieder zurück, weil sie erkannte, dass Privatkundengeschäfte doch besser als Investmentbanking sind. Späte Erkenntnis. Das hätte man den Leuten gleich sagen können. Ein Dienstleistungsunternehmen, das niemanden mehr hat, an dem es Dienste leisten kann, hat ein Problem. Und die kleinste Einheit in der Kategorie ist der einzelne Mensch, genannt Kunde. Wenn der weg ist, dann hat die Bank offensichtlich was getan ?

Der BANK-CODE

5   „der kleine Bänker"
        ...oder, über die, die sich dafür halten.

Zurückblättern! - ihre Funktion verloren!
Was macht der Markt mit Lieferanten, die Ihre Funktion
verlieren? Richtig ! Aus der Konkurrenz ausschließen.
Üblicherweise mittels Konkurs. Aber hier, das haben wir ohne
Bücher wie diese zu lesen, auch schon gelernt, ist ein
ungewöhnlicher Riegel vor. Mit dem werden so dumme
Jungen Streiche, wie damals bei der eben genannten Bank
erst möglich. Die hochbezahlten Strategen die sich diese
Kreiselpolitik ausgedacht haben, um damit viele Milliarden €
ohne Not zu versenken, kommen ungeschoren mit einem
blauen Auge davon. Der Riegel heißt, sie wissen es schon:
„Systemrelevant" ! Das ist so, als ob der Würfel beim Knobeln
mit einem Magneten zu Gunsten der Bank ausgestattet ist.

Kloppo würde sagen:
„Abseitstor, gefühlte Blindheit des Linienrichters"
Nina würde sagen:
„eine 2- ist auch eine 2. Wie, ist doch egal...isso Papa !"
(Anmerkung: da fällt es schwer zu argumentieren.
Wir waren ja auch einmal Schüler)

Weil das in unserer Bankenwelt aber offensichtlich so ist, wie
es ist (...isso), kommt gleich das nächste Kapitel, um sich mit
dem kleinen Unterschied nicht nur zwischen kleinen und
großen Kaufleuten zu beschäftigen, sondern mit den
Kaufleuten im allgemeinen und dem Bankkaufmann im
Besonderen. Es besteht doch ein kleiner, aber feiner
Unterschied. Der aufmerksam kombinierende Leser kommt
sicher selber darauf und ahnt es schon. Richtig, der
Bankkaufmann ist kein richtiger Kaufmann.
Der tut nur so, weil es besser klingt als z.B. Beamter.

Der BANK-CODE

6 „warum Bänker keine Kaufleute sind"
...sich aber für die Besten halten.

Bei dem Titel dieses Kapitels denken Sie jetzt sicher, was kommt denn nun? Übertreibt er jetzt, oder wie meint er das? Genau! - Ohne Übertreibung haben wir bis jetzt festgestellt, der Erfolg eines Kaufmanns hängt nicht nur von seinem Produkt und dessen Qualität und Preis ab, sondern auch in erheblichem Masse von seiner Stellung im Markt und wie er seine Kunden bedient.

Ein Teil der kaufmännischen Leistung, auch wenn er ein Produkt verkauft, ist ja Dienstleistung am Kunden. Jeder kennt das nicht erst dann, wenn er sein soeben erworbenes Produkt beim Lieferanten reklamiert, weil es einen Mangel aufweist. Sondern auch schon dann, wenn es um den Kauf geht. Wie erklärt mir der Verkäufer das Produkt ? Welche Vorteile oder Nachteile hat es und wie sind diese zu beurteilen angesichts meiner ganz persönlichen Anforderungen. Wenn der Verkäufer auf uns, trotz aller Anstrengung den Verkauf abzuschließen, schlussendlich einen seriösen und objektiven vertrauenswürdigen Eindruck macht, wenn er mit uns einen angemessen vernünftigen und respektvollen Umgang pflegt, dann fühlen wir uns nicht nur gut informiert, sondern auch wohl und geborgen. In einer solchen Umgebung des Wohlbefindens tun wir dann was ? - wir kaufen ! Noch mehr, wir erinnern uns sogar an dieses gute Gefühl und beim nächsten mal gehen wir als erstes dorthin zurück, wo uns der Verkäufer gut bedient hat. Wir kennen diese Situation und es ist auch gut so. Dies gilt für nicht erklärungsbedürftige Produkte etwas weniger als für komplizierte Produkte. Für Dinge des täglichen Geschäfts weniger als für langlebige Güter wie das Auto, die Heizung oder gar das Eigenheim.

6 „warum Bänker keine Kaufleute sind"
...sich aber für die Besten halten.

Auch hier gilt, Vertrauen ist viel Wert und diese gut ausgefüllte Funktion des Verkäufers wird vorzugsweise durch Kaufabschluss honoriert. Erst recht bei teuren Produkten geht man ja häufig eine, quasi, lange Beziehung mit dem Lieferanten ein, weil diese Dinge in der Regel über einen Zeitraum betreut, gewartet, repariert etc. werden müssen. Man will ja schließlich auch morgen noch ein angenehmes Kunden-Lieferanten-Verhältnis pflegen. Im Prinzip ist es so: wenn wir bei 3 Lieferanten genau das gleiche Produkt zum gleichen Preis mit den gleichen Konditionen kaufen können, gehen wir meistens zu dem nettesten Verkäufer.

Sie nicht ? - sicherlich doch.

So weit so gut. Eine weitere Rolle spielen noch Produktmarken. Es gibt doch sicher den einen oder anderen, der nur Mercedes fährt in seinem Leben und nie einen BMW fahren würde, und anders herum. Oder immer das neueste iPhone und nie ein Samsung. Oder nur die echte Nutella (oder das Nutella?) und nie Nusspli. Da kenne ich mich aus. Die Funktion des Lieferanten mit seinem Produkt ist sozusagen die „Problemlösung" für mich, um meine Nachfrage zu befriedigen. Gute Erfahrung mit Produkt und Lieferant gepaart mit Vertrauen kumuliert in Kundenbindung im höchsten Fall sogar in Markentreue. Selbst wenn das iPhone streikt und objektiv nur das zweitbeste Handy auf dem Markt sein sollte, dann kauft der treue Kunde es doch wieder, sobald das iPhone 6, 7 oder 8 auf den Markt kommt.

Nina würde sagen:
„Papaaa....du hast keine Ahnung, ... isso !"
Kloppo würde sagen: „Schalke ist doof - gefühlt !"

Der BANK-CODE

6   „warum Bänker keine Kaufleute sind"
...sich aber für die Besten halten.

So hängt auch hier Alles mit Allem zusammen. Ziemlich einig sind wir uns aber darüber, dass die Kaufleute, die sich den Mercedes oder BMW, die Niveacreme und das iPhone, erst recht die Milch und die Pizza ausgedacht haben, ziemlich anstrengen müssen, um ihre Produkte regelmäßig zu verkaufen. Und das immer zu einem Preis, der die Gewinne maximiert ohne den Umsatz zu schmälern. Das ist gar nicht einfach, wie wir schmerzlich im Kapitel Funktion und schon davor erfahren haben. Den täglichen Stürmen im Konkurrenzkampf kann nämlich keiner so richtig ausweichen. Also muss er sie durchstehen und sich dagegen schützen. Kämpfen, baggern und wühlen um die Gunst des Kunden ist das tägliche Geschäft des kleinen und sogar des großen Kaufmanns.

Sie merken, da habe ich mir die Bänker so richtig zurecht gelegt, um sie bloßzustellen ! - Genau ! - all das oben gesagte trifft nämlich auf unsere besten Freunde, die Bänker, nicht oder nur sehr eingeschränkt, sondern eigentlich fast gar nicht zu. Sie haben Produkte, die sie selber häufig nicht verstehen. Die Produkte sind meistens, wenn überhaupt, nur schwer mit anderen Konkurrenzprodukten vergleichbar. Sie haben leichtes Spiel, da wir Privatkunden, wie der kleine Kaufmann, nur schwer flüchten können. Sie haben wenig echte Konkurrenz. Und die Banken sind sich dazu noch untereinander alle einig.Sie haben eine absichtlich völlig undurchsichtige Kalkulation.Sie wissen alles über uns, wir aber nicht über sie. Informationsvorsprung !Sie sind nett zu uns und machen alles, solange es ihnen nützt. Sie haben vor allem dies von uns : unsere Sicherheiten, wie Fahrzeugbrief, Grundbucheintrag etc.

Der BANK-CODE

6 „warum Bänker keine Kaufleute sind"
...sich aber für die Besten halten.

Vorsichtig ausgedrückt ist das eine sehr „komfortable" Ausgangslage, um neue Geschäfte mit uns zu machen. Nicht zu sagen, sie haben uns in der Hand. Etwas zurückhaltender könnte man formulieren. Sie haben immer die erste Chance auf unsere nächste Order. Wer die hat, läuft die 100m ohne Eisenkugel am Fuß. Und mit jeder neuen Order, ob Kredit, Finanzierung, Hypothek, Anlage etc. wächst der Vorsprung vor der Konkurrenz mit der Kugel am Fuß. Über eine Lebenszeit ergibt sich ein Verhältnis, ähnlich wie Nina zu Papa. Papa sagt Nina immer, was das Beste ist, aber Nina macht doch was sie will. Papa bezahlt trotzdem, aber Nina wird Papa nie ganz los, ob er recht hat, oder nicht. Zugegeben, der Vergleich hinkt ein wenig. Insofern als Papa sein Geld, im Gegensatz zur Bank, nie wieder bekommt und weil Papa seine Nina, im Gegensatz zur Bank, niemals hängen lassen wird.

Kloppo würde sagen:
„Lewandowski erfüllt seinen Vertrag bis zum Schluss, gefühlt...!"
Nina würde sagen: „Papa, ich brauche eine neue Tasche...isso!"

Wir sehen, ein Bänker hat einen entscheidenden Vorteil vor all seinen Kaufmannskollegen. Der Unterschied ist simpel, aber durchschlagend:

Er muss nicht wirklich verkaufen !

Eher verteilen. Mindestens die allermeisten Kunden hat er ja schon. Er muss nicht kämpfen, nicht baggern, nicht wühlen. Nicht 137 Angebote schreiben, von denen nur eine Order kommt. Eben nicht verkaufen, sondern nur verteilen.

Der BANK-CODE

6   „warum Bänker keine Kaufleute sind"
         ...sich aber für die Besten halten.

So ähnlich wie die Tanke die Pizza nach 22Uhr. Auffallende Ähnlichkeit hat seine komfortable Ausgangslage auch mit einem Beamten. Der hat auch alle Mitbürger als Kunden und sie können nur zu ihm kommen und dafür muss er sich nicht einmal anstrengen. Dafür nimmt er aber immer häufiger Geld, nein eine Gebühr. Klingt harmloser, irgendwie mehr nach Kostenerstattung. Aber eben nicht nach Gewinn. Da fallen uns wieder die Kontogebühren ein, die der Bänker ja doppelt und dreifach nimmt, ohne auch nur im Ansatz zu erklären oder offenzulegen, wie sich diese zusammensetzen und wofür er sie überhaupt braucht. Noch besser wird es heutzutage, wenn sein Chef ganz geschickt ist. Seine Situation wird nämlich dann eine Besondere für den Bänker, wenn er die schwierigste und vor allem teuerste und zeitintensivste Aufgabe eines Kaufmanns erst gar nicht machen, oder nur sehr selten machen muss. Im Gegensatz zu allen anderen Kaufleuten. Neukundenaquisition ! Das macht häufig sein Chef mit einem Rundumschlag. Wenn er bei der richtigen Bank ist. Dann kauft der Chef die Konkurrenz mit tausenden Bestandskunden einfach auf und schon bekommt er für sein Gebiet gleich 100 neue Kunden. Nun braucht er nur anrufen und ihnen ein Angebot machen, das diese nicht ablehnen können und schon ist alles wieder gut. Genauer: Noch besser!

Wenn, wie geschildert, Bänker aber gar nicht verkaufen sondern nur verteilen müssen, fragen wir uns, wo ist das Wichtigste - die Funktion?
Von der ist nicht viel übrig. Er versorgt zwar die Kunden im Prinzip mit Geld, aber nicht wirklich auf einem offenen Marktplatz. Trotz Internet und Online werden wir unsere Hausbank nie so wirklich los.

Der BANK-CODE

6   „warum Bänker keine Kaufleute sind"
...sich aber für die Besten halten.

Vielleicht wollen wir das auch gar nicht. Besonders wir Deutschen sind da ja sehr speziell. Wir sind zuverlässig und treu. Und genau das nutzt der Bänker natürlich aus und macht sich das eigene Nest zwischen seinen Bestandskunden, ohne sich um die Konkurrenz zu scheren. Die haben ja die Eisenkugel am Bein und liegen weit hinten.

Kloppo würde sagen:
„in der zweiten Hälfte war es ein Spiel auf ein Tor, gefühlt....!"
Nina würde sagen: „mir ist langweilig....isso!"

Der Bänker und vor allem sein Chef werden das natürlich weit von sich weisen. Trotzdem ist es so („isso"). Das sagt ja selbst unsere Kanzlerin und der Kandidat der Konkurrenz. Und der muss es ja wissen. Dafür gibt es ein Wort, das wir alle kennen. Leidgeprüft, wie wir sind, hören wir des Öfteren und ganz besonders seit 5 Jahren das Wort, der vorgenannte Riegel :

„Systemrelevant !"

Das ist die politische Umschreibung für den Zustand, dass keiner, auch Frau Merkel nicht und nicht einmal Herr Steinbrück, unserem Bänker die Kunden wegnehmen kann. Er, der Bänker, ist mit seinem Verteilerprinzip so wichtig, dass wir alle ziemlich sparsam aus der Wäsche gucken würden, wenn sein Konkurs einträfe. Nicht gleich für alle Bänker, aber für die allermeisten. Deshalb erinnern wir uns auch an das zweite unsägliche Wort, das im gleichen Zusammenhang genannt wurde:

„Dominoeffekt !"

Der BANK-CODE

6   „warum Bänker keine Kaufleute sind"
...sich aber für die Besten halten.

Weil das eine dem anderen voraus zu gehen droht, ist es wie es ist. Jeder kennt Mikado und hat es sicher schon gespielt. Da zieht man das Stäbchen an der einen Seite raus und an der anderen Seite rollen alle Stäbchen davon. Schubst man den ersten Stein vorne um, fällt auch der Letzte in der Reihe. Verloren ! So ist es hier auch. Denkt der Politiker und fragt den Volkswirt. Keiner sagt, dass es so sein muss, aber sicher so sein könnte und malt zur Erklärung, und der eigenen Selbstdarstellung, das schlimmste Szenario an die Wand. Und wie das mit Szenarien so ist, je furchtbarer sie sind, desto breiter werden sie getreten. Am Ende traut sich keiner mehr, es doch eventuell anders aus zu probieren, weil er sonst die Garantie übernehmen müsste, dass es auch so kommt wie er entgegen der Mehrheit behauptet. Keiner stellt die Systemrelevanz mit ihrem Dominoeffekt in Frage und alle stimmen zu. An dieser Stelle ist der Bänker und sein Chef, im Gegensatz zu sonst, natürlich ganz besonders still. Mikado – wer sich jetzt zu erst bewegt hat verloren. Die Definition Systemrelevanz wegen zu verhinderndem Dominoeffekt klingt so schön nach sicherem Geschäft, da will man als Bänker doch nicht widersprechen. Und Frau Merkel und Herr Steinbrück haben natürlich Gewicht. Nein im Ernst, das alles ist zu sehr großen Teilen tatsächlich so. Wir waren und sind gut beraten, die Dinge weiter in diesem Sinne zu steuern, aber mit dem Ziel, die Risiken zukünftig deutlich zu minimieren und auf die umzulenken, die sie originär als Verursacher zu tragen haben. Die Bänker selbst.

Aufgrund der zuletzt dargelegten Feststellungen, dass der Bänker nicht wirklich verkauft und am Ende auch kaum ein Risiko trägt, sind damit die ureigensten Eckpfeiler der Existenz eines Kaufmanns gar nicht vorhanden.

Der BANK-CODE

6   „warum Bänker keine Kaufleute sind"
...sich aber für die Besten halten.

Deshalb schlussfolgern wir messerscharf :
Der Bänker ist kein Kaufmann !

Kloppo würde sagen: „ gefühltes Eigentor...!"
Nina würde sagen: „schade...isso"

An dieser Stelle wird unser Bänker, erst recht sein Chef, sicher gleich wieder intervenieren und lautstark das Gegenteil behaupten und werden sagen. Weil sie systemrelevant sind, sind sie die einzig wahren Kaufleute. Nun gut. So ernst haben wir es ja auch nicht gemeint, denn wir wollen ja auf etwas ganz anderes hinaus.

Wenn wir nämlich bei unserer Definition des Bänkers bleiben und gleichzeitig das Problem der Systemrelevanz betrachten, kann es nur einen Schluss geben, mit dem wir beides wieder ins Lot bringen und uns Verbraucher aus dem Risiko.

Der Bänker muss wieder das Risiko seines Handeln als Erster tragen. Damit käme er langsam aber stetig wieder in die Notwendigkeit, zu verkaufen und nicht mehr zu verteilen. Wenn das erreicht ist, kann er sich auch wieder als echter Kaufmann in der Reihe all der anderen kleinen und großen Kaufleute anstellen. Dann nämlich macht er nicht nur seinen Job gut, er erfüllt endlich wieder eine Funktion, die eine vom Markt als sinnvoll akzeptierte Prämie rechtfertigt. Wir alle werden diese dann auch, sozusagen, wieder gerne bezahlen. Wahrscheinlich sogar die Dispozinsen, die dann nicht mehr bei 12 oder 17% liegen, sondern bei Kreditzinsen +3% oder einem ähnlichen Schlüssel. Somit wohl eher bei ca. 7 oder 8%. An vielen anderen Stellschrauben könnte, müsste und wird dann gedreht.

Der BANK-CODE

53

6 „warum Bänker keine Kaufleute sind"
...sich aber für die Besten halten.

Schlussendlich macht der Bänker damit auch uns das Leben leichter. Alles würde transparenter und wir müssten nicht mehr fragen, wie sicher ist mein Geld bei dieser Bank. Jeder würde sich bei der Hausbank wieder wohler fühlen und Kekse und Kaffee hätten wieder den ursprünglichen Geschmack und keinen faden. Wir können besser abwägen bei Finanzentscheidungen und würden entspannter in die Zukunft sehen. Die gefühlten Wirtschaftsindexe der Zuversicht, das Verbrauchervertrauen, würden sogleich klettern und wir würden unweigerlich leichter konsumieren. Bei all dem gäbe es nur Gewinner, weil die Wirtschaft ehrlicher wird. Die Banken würden nach kurzer Zeit aus ihrer Schmollecke raus kommen und sehen, dass sie zwar weniger an dem einzelnen Geschäft verdienen, aber auch weniger Risiko abschreiben müssen und sogar in Summe mehr Geschäfte mit höheren Bilanzgewinnen machen. Die Gesellschaft würde in dem Wissen um diese ganzen Zusammenhänge und deren Neuregelung im Sinne der Wirtschaft viel Zuversicht tanken und weniger Zuschauer würden die Banken als die „Bösen" ansehen. Was das an Werbeausgaben zur Vertrauensbildung der Banken einspart, soll gar nicht erst berechnet werden. Aber viel wird es sein. Wir sehen, es könnte so einfach sein, wenn die Dinge nur beim Namen genannt würden und sich jeder an die eigene Nase fasst. Am besten wir fangen gleich damit an und beschäftigen uns mit Herrn Ackermann und seiner Deutschen Bank.

7 „Herr Ackermann und die Strategie einer Bank"
...oder, wie fahre ich am besten im Kreis, ohne dass es einer merkt.

Es ist ja schon erstaunlich, wie sich die Dinge über die Jahre so entwickeln. Die Älteren sagen dann gerne, „früher war alles besser," oder „damals konnte man noch...!" - Da ist auch etwas dran. Wie immer steckt viel Wahrheit in der Weisheit. Sonst wäre sie ja keine.

Wenn aber in der öffentlichen Wahrnehmung etwas auf die schiefe Bahn gerät, sind wir uns schnell einig in der Findung eines Schuldigen. In der Finanzwelt ist das besonders einfach. Die Banken im Allgemeinen und einzelne Personen aus der Bankenwelt im Besonderen. Wie kommt das? Nun, was die Banken angeht, ist das relativ einfach zu erklären.

Die von mir vorher beschriebene unterschwellige Ohnmacht, die uns erfasst hat; dieses Informationsgefälle zwischen der Bank und uns; dieses leichte Misstrauen, dass uns immer befällt, wenn wir eine neue Anfrage an unsere Bank stellen, ob wir das neue Auto finanzieren können. All das hinterlässt gewissermaßen ein „Geschmäckle", wie unsere schwäbischen Freunde zu sagen pflegen. Wenn es also darum geht, die Retourkutsche zu fahren, dann ist der ausgestreckte Zeigefinger sofort in Richtung Bank ausgefahren. Egal, ob es stimmt, es wird schon den Richtigen treffen. Genaueres wollen wir eigentlich gar nicht wirklich wissen. Aber es fühlt sich gut an, wenn wir unsere Seele ein Stückchen von dem Unwohlsein befreien, vor dem wir Verbraucher, wie auch der kleine Kaufmann, nie flüchten konnten. Schadenfreude ist eben doch die Schönste. Erst recht, wenn sie so schön anonym bleiben kann.

Wer erkennt sich wieder? - Finger hoch!

Der BANK-CODE

7 „Herr Ackermann und die Strategie einer Bank"
...oder, wie fahre ich am besten im Kreis,
ohne dass es einer merkt.

Bei der Schuldzuweisung an eine einzelne Person ist das schon etwas diffiziler. Wer kann schon so genau beurteilen, ob genau dieser Bänker der Täter oder eventuell auch nur ein Opfer seines eigenes Systems ist. Er nur vorgeschoben wird von anderen im Hintergrund, damit das Übel ein Gesicht bekommt. Vielleicht sogar gegen ein kleines Entgelt, damit die Schmähungen durch die Medien und die Öffentlichkeit etwas erträglicher werden. Sei es drum, hier brauchen wir deutlich mehr Fachwissen und Schützenhilfe, um zu beurteilen, ob gerade dieser oder doch jener nette Herr zu recht vor den Kadi gezogen wird.

Da kommt es uns Normalverbrauchern doch sehr gelegen, wenn der scheinbare Bösewicht selber einen Hinweis gibt, der uns umso weniger daran zweifeln lässt, dass er verstrickt ist und etwas Unlauteres im Schilde führt. So wie der Herr Ackermann damals anlässlich des Provisionsprozesses um die Mannesmann/Vodafone Übernahme.

Das berühmte „Victoryzeichen"!

Herr Ackermann siegesgewiss, dass alle angeblich maßlos überhöhten Provisionen zurecht gezahlt und auch von Ihm korrekt abgesegnet wurden. Er also mit einer möglichen Mauschelei nichts zu tun hat und deshalb zu unrecht vor Gericht steht. Nun wissen wir aber auch von beteiligter Stelle, dass dieses Foto mit dem V-Handzeichen mit dem ihm von uns zugeschriebenen Zweck gar nichts zu tun hatte, sondern im Laufe eines Gesprächs eher zufällig aus ganz anderem Anlass zu stande kam.

Der BANK-CODE

7 „Herr Ackermann und die Strategie einer Bank"
...oder, wie fahre ich am besten im Kreis,
ohne dass es einer merkt.

Aber ein derartiges Foto, auf dem einer der profiliertesten Bänker Deutschlands lächelnd das Victoryzeichen gibt, ist geradezu prädestiniert, um unsere berechtigten aber auch unberechtigten Vorurteile gegen die Banken für immer zu zementieren.
So kam es dann auch. Damit wir uns richtig verstehen, Herr Ackermann ist an dieser Stelle in keinster Weise die Zielscheibe. Nein, er ist nur die quasi Inkarnation des Bänkers schlechthin. Im Guten, wie im Schlechten. Das ist gar keine Wertung, aber in der Praxis der letzten ca. 15 Jahre, in denen er an exponierter Stelle der Deutschen Bank stand, wurde er halt zu dieser Zielscheibe gemacht. Durch eigenes, wie auch fremdes Zutun. Wie viel Macht hat der CEO der Deutschen Bank? Wie war es mit der Party im Kanzleramt anlässlich seines Geburtstages? Wie viel Einfluss auf die Politik haben die Bänker, insbesondere er selbst ? Und vieles mehr.
Beruhigen wir uns wieder. Alles wird nicht so heiß gegessen, wie es gekocht wird. Zunächst haben alle Bänker, gerade auch die der Deutschen Bank, schon immer einen besonderen, ich will mal sagen, Zugang zur Politik gehabt. Ackermann steht da eher am Ende einer langen Kette. Denken wir an seinen Vorgänger Hermann Josef Abs in den 50er und sechziger Jahren ! Der hat es zu einem eigenen Gesetz gebracht, dass sozusagen gegen ihn extra erschaffen werden musste, um ihn zu zügeln. Herr Abs war sozusagen in „gefühlt" allen Aufsichtsräten der deutschen Konzerne, der Deutschland AG, vertreten. Es sollen wohl dreiundzwanzig gewesen sein. Er hatte damit einen derartigen Einfluss auf die Geschicke der deutschen Wirtschaft, dass sich sogar die Politik berufen fühlte einzuschreiten, um die Anzahl an Aufsichtsratsposten einzelner Personen gesetzlich zu limitieren.

Der BANK-CODE

7 „Herr Ackermann und die Strategie einer Bank"
...oder, wie fahre ich am besten im Kreis,
ohne dass es einer merkt.

Das „Lex Abs" ! Gegen Herrn Abs ist Ackermanns Josef ein kleines Licht. Dennoch hat natürlich auch er sehr zurecht nicht nur Zugang zu der hohen Politik, sondern auch Einfluss auf diese. Immerhin sind die Politiker ja selber schuld, dass sie seit Ende der sechziger Jahre das Prinzip des ausgeglichenen Haushalts aufgegeben haben und anfingen, Schulden zu machen. Wer finanzierte diese Schulden durch den Kauf von Staatsanleihen? Die Banken! Welche Bank war an erster Stelle? Die Deutsche Bank ! - Und nun stell`n wir uns mal janz dumm, und fragen : „...wat isn Dampfmaschin`?" - nein so nicht, aber wir stellen uns jetzt vor, wie sich Frau Merkel fühlt, wenn sie mit ihrem Firmenkundenbetreuer, ihrem Bänker, dem Herrn Ackermann, zusammensitzt und die Lage bespricht! - warum um alles in dieser Welt sollte sie sich anders fühlen als wir ? Die beiden trinken auch ein Käffchen und knabbern Kekse, wenn es um die nächste Tranche des anstehenden Neukredits und dessen Zinssatz geht. Nun hat Frau Merkel sicher ein bis zwei Asse mehr im Ärmel als wir, aber Herr Ackermann auch. Wir Verbraucher haben wahrscheinlich nur eine Gesamtverschuldung von zehn oder vielleicht vierzig Prozent, die unserem privaten Vermögen entgegensteht. Haus, Auto etc. als wertige Sicherheiten übersteigen unsere Privatkredite in der Regel deutlich. Dazu kommt, wir haben, im Gegensatz zum Staat, kein strukturelles Defizit und erwirtschaften jeden Monat, jedes Jahr, ein Plus von 11,4% Sparquote – netto nach Steuern ! Davon träumte Frau Merkel und Herr Schäuble noch nicht einmal. Die beiden wissen wahrscheinlich gar nicht, wie man Sparquote schreibt. Der Finanzminister Schäuble bringt sich im Selbststudium gerade wieder bei, was ein Haushaltsüberschuss ist und überlegt ständig, was er damit machen könnte.

Der BANK-CODE

7 „Herr Ackermann und die Strategie einer Bank"
...oder, wie fahre ich am besten im Kreis,
ohne dass es einer merkt.

Wie gesagt, über 45 Jahre, seit 1967, dem Ende der Vollbeschäftigung und dem Anfang der Staatsverschuldung, haben unsere Politiker dieses Wort nicht mehr in den Mund genommen. Herr Ackermann weiß also ganz genau, dass der Kaffee und die Kekse niemals knapp werden. Wenn er sie nicht bezahlt, dann Frau Merkel.
Geld drucken können sie beide aber auch nicht, das macht der Herr Weidmann von der Bundesbank mit dem Herrn Draghi von der EZB für sie. So ist nicht nur die Versorgungslage mit frisch Gedrucktem, sondern auch die mit Gebäck auskömmlich und langfristig gesichert. Es herrscht zwischen allen Beteiligten gepflegte Einigkeit und keiner tut dem anderen weh. Schönes Arbeiten.

Kloppo würde sagen: „Gefühltes Unentschieden !"
Nina würde sagen:
„Ich spar` lieber auf den Führerschein...isso!"

Wenn man sich nun dieses große und komplizierte Gebilde bundesdeutsche Wirtschaft ansieht, verflochten wie es ist, dann ist es schon erstaunlich und gar nicht hoch genug einzuschätzen, dass wir ein ziemlich regelmäßiges, wenn auch kleines, Wachstum haben. Beinahe Vollbeschäftigung, keine großen sozialen Unruhen und vor allem keine Inflation von Belang. Wie in Sachen Konsumgüter, wir sprachen vorher davon, leben wir in dieser Hinsicht in Deutschland in einem Schlaraffenland. Das sollte uns bewusst sein. Fragen sie Freunde oder Geschäftspartner im Ausland. Die werden Ihnen das schon sagen. Mit aller Deutlichkeit sogar.
Schauen wir uns in anderen Ländern um.

Der BANK-CODE

7 „Herr Ackermann und die Strategie einer Bank"
...oder, wie fahre ich am besten im Kreis,
ohne dass es einer merkt.

Die Tagesschau hilft auch hier. Inflation, Schulden, Unruhen, Arbeitslosigkeit, gesellschaftliche Verwerfungen, Gesetzlosigkeit, Ressourcenknappheit, Mangelversorgung usw. - Nun sagen Sie nicht: Ja, in Mexiko oder Indien, oder Kenia ! Nein, nicht erst seit der Krise in den Südeuropäischen Ländern, sondern schon immer, waren wir in Deutschland weit voraus und nehmen es kaum wahr. Zumindest reden wir den Vorsprung kleiner, als er ist. Nur im Urlaub erinnern wir uns an ihn. Hautnah sozusagen. Nehmen ihn aber gelassen hin, um nach der Rückkehr sogleich wieder über die Griechen zu schimpfen. Bei allen Problemen, die es natürlich auch hier gibt, haben wir im Prinzip wenig zu klagen. Aber der Deutsche nörgelt gerne. Darüber übersieht er allerdings, dass dieses komplizierte Geflecht von allen Beteiligten, sowohl uns Normalverbrauchern, als auch von Herrn Ackermann und Frau Merkel durch permanente Feinjustierung im Gleichgewicht gehalten werden muss.

Wir muffeln zwar jedes Jahr vor uns hin, wenn es um Tariferhöhungen geht, streiken aber in der Regel nicht und sind uns einig. Wir, die Gewerkschaften, die Arbeitgeber und das Wahlvolk.
Wer liefert ausreichend Geld, damit die kleine und große Wirtschaft am Ende des Tages doch versorgt ist und wachsen kann? Herr Ackermann.
Wer steuert das politische Boot so gut er kann um die weltweiten Riffe und Untiefen? Mal Frau Merkel und mal Ihre Konkurrenz.
Wer konsumiert unbeeindruckt aller Stürme? Wir.
In Summe machen wir das alle zusammen ziemlich gut und darauf gilt es, stolz zu sein.

Der BANK-CODE

7 „Herr Ackermann und die Strategie einer Bank"
...oder, wie fahre ich am besten im Kreis,
ohne dass es einer merkt.

Deutschland, Land der Ideen, aber auch der stillen Lösungen. Das ist in anderen Ländern ganz anders. Warum? Zum Beispiel, weil die Differenz zwischen Arm und Reich viel größer ist als bei uns. Schauen wir nach England, nach Frankreich, nach Spanien, nach Griechenland, nach Russland, nach Belgien, sogar in die USA mit ihren 40 Millionen auf der Straße lebenden Bürgern. Das sind über 10% - Man stelle sich das hier in Deutschland vor ! Was wäre dann?

Nicht nur die Soyabohnen mit ihrem Protein, aus dem die Fleischflut für das Wirtschaftswunder erwachsen ist. Nicht nur die Engländer und Russen, die nach dem Krieg unsere alten Maschinen als Reparation abgebaut haben und uns zur Entwicklung neuester hoch produktiver Technik quasi gezwungen haben, während wir sie damit im Anschluss wirtschaftlich abgehängt haben. Nicht nur die Politik, gleich welcher Couleur, und die Gewerkschaften mit all den Arbeitern und Angestellten, die über all die Jahre maßvoll gesteuert haben. Nein auch die Finanzwirtschaft, die Banken und gerade auch die Herren Abs bis Ackermann haben bis heute mit ihrer Deutschland AG für eine Prosperität und Stabilität gesorgt, die schlicht einmalig in der Welt ist. Jede andere Nation, die wirtschaftlich auf Augenhöhe mit uns ist, hat in der gleichen Zeit weit weniger Widerstände zu überwinden gehabt. Keine hat so sehr wie wir von Null anfangen müssen und ist dabei so weit gekommen! - Vielleicht Japan, aber auch die hatten zwei entscheidende Vorteile, die wir nicht hatten. Sie waren nicht in Gänze so zerstört und und sie haben als Insel keine Nachbarn auf die sie Rücksicht nehmen müssen. Es ist also gar nicht selbstverständlich, dass Deutschland und seine Bürger sich wieder so weit nach vorne gearbeitet haben,

Der BANK-CODE

7 „Herr Ackermann und die Strategie einer Bank"
...oder, wie fahre ich am besten im Kreis,
ohne dass es einer merkt.

wie wir es heute als normal ansehen.
Dabei ist klar festzustellen, dass dies ohne starke und
umsichtige Banken und deren charismatische Vorstände
niemals so hätte entstehen können. Von Abs über Herrhausen
bis Ackermann, stellvertretend für alle Bankkollegen, haben
alle eine starke Rolle in unserem gesamten Interesse der
Deutschland AG und damit in unserem ureigensten
Bürgerinteresse gespielt. Wir wollen uns gar nicht vorstellen,
wir hätten kleine und schwache Banken. Dann wären wir und
Frau Merkel nämlich auf ausländische Banken angewiesen.
Die Barclays Bank (England), die HSBC (Hongkong),
Goldmann Sachs (USA), BNP (Frankreich). - Wir wollen doch
nicht im Ernst glauben, dass diese Banken den
Finanzierungsjob für unsere deutschen Firmen und den Staat
genau so gut gemacht hätten?
Nein, sie hätten sicherlich auf ihre anderen, eigenen
inländischen, Kunden zuerst geschaut und nur dann
Deutschland finanziert, wenn es nicht mit den dortigen
Interessen in Konflikt geraten wäre. Dazu hätten sie erheblich
mehr Einfluss bekommen und vieles anders steuern können
oder wollen. Das alles hätte uns in eine ganz andere Lage
gebracht. Das Ergebnis wäre für Deutschland deutlich
schlechter gewesen. Mit allen Konsequenzen. Weniger Arbeit,
weniger Wachstum, weniger Vermögen in allen
gesellschaftlichen Bereichen. Es ist also eine
unausgesprochene Tatsache, dass Herr Abs und Konsorten
ihren Teil, einen wichtigen Teil, zu unserem Wohlstand
beigetragen haben. Starke, weltweit agierende Banken, die in
der ersten Liga spielen, sind kein Selbstzweck für ehrgeizige
Bänker und politische Pöstchensucher.

Der BANK-CODE

7 „Herr Ackermann und die Strategie einer Bank"
...oder, wie fahre ich am besten im Kreis,
ohne dass es einer merkt.

Starke Banken, mindestens eine, braucht ein Industrieland wie Deutschland geradezu elementar, wenn es langfristig nicht nur prosperieren, nein überleben will.
Das sagt gerade auch der Kleinunternehmer.

Dies ist ein Plädoyer für Banken. Die ewigen Kritiker der Bankenwelt sollten zumindest diese Punkte bedenken, bevor sie ihre ideologisch gefärbten Argumente verbreiten. Wer ganzheitlich denkt, aber auch redet, ist deutlich im Vorteil.
Bei vielen bleibt dabei häufig kaum mehr übrig, als die subjektive Feindschaft gegen Bänker wie Herrn Ackermann. - In Grenzen verständlich, aber leider nicht umfassend.
Mangelhaft, setzen.

Kloppo würde sagen:
„gefühlte hohe Entfernung von der Realität !"
Nina würde sagen: „Mathe kann ich einfach nicht...isso!"

So ist es kein Wunder und auch selbstverständlich notwendig, dass sich Frau Merkel mit Herrn Ackermann regelmäßig unterhält und sich beide gegenseitig die Welt erklären. Dabei kann es natürlich, nur menschlich, auch passieren, dass Herr Ackermann und mit Ihm seine vielen Bänker mit der Zeit etwas abgehoben daherkommen. Angesichts dieser vielen Milliarden auch kein Wunder.

Wenn diese Denkweise dann auf die Niederungen der Normalbürger oder Kleinunternehmer trifft, kann es passieren, dass ein paar Tausend oder wenige Millionen als „Peanuts" abgetan werden.

Der BANK-CODE

7 „Herr Ackermann und die Strategie einer Bank"
...oder, wie fahre ich am besten im Kreis,
ohne dass es einer merkt.

So wie der lästige Krümel, den Herr Kopper mit dem Zahnstocher aus der Lücke befördern wollte, und es erst beim dritten Versuch klappte. Stimmt, Erdnüsse bleiben da gerne hängen. Auch dieses „Bild" von Herrn Kopper und seinen Peanuts bleibt uns ewig im Gedächtnis. Zu Recht. Wäre es im Gegenzug nicht viel einfacher gewesen, wenn er sich pressewirksam hingestellt und gesagt hätte: „unabhängig vom Insolvenzrecht und außerhalb jeder rechtlichen Beurteilung des Falls Schneider, stellt die Deutsche Bank einen Fond in Höhe der offenen Forderungen von geschädigten Kleinunternehmern zur Verfügung und lädt alle anderen beteiligten Banken dazu ein, sich daran zu Beteiligen. Dies allein deshalb, weil wir uns ohne jedes Präjudiz unserer Verantwortung stellen und verhindern wollen, dass zu unrecht geschädigte Kleinunternehmen und deren Mitarbeiter dauerhaft Schaden nehmen." Ein besseres Marketing hätte er so günstig nie wieder bekommen können und wäre, im Gegensatz zum Peanuts-Ausspruch, als Mittelstandsretter in die Bücher eingegangen und nicht als Mittelstandsvernichter. Das Marketing Budget seiner Deutschen Bank hätte er sodann bequem um den gleichen Betrag kürzen können und niemand hätte etwas gemerkt. Leider hat er das aber nicht getan. Schade. Wenn man sich an diese Zusammenhänge erinnert, fällt einem unweigerlich das bekannte Buch „Nieten in Nadelstreifen" ein. Das scheint Programm.
Noch so ein Beispiel. Etwas weniger offensichtlich aber nicht weniger Wirksam. Herr Breuer, der Herrn Kirch mittels Interview vom großen Medienunternehmer zum kleinen Pleitier im Expressfahrstuhl nach unten befördert hat, ist inzwischen ein solches, sogar gerichtlich festgestelltes, Exemplar mangelnder Bodenhaftung.

Der BANK-CODE

7 „Herr Ackermann und die Strategie einer Bank"
...oder, wie fahre ich am besten im Kreis,
ohne dass es einer merkt.

Egal, ob es wirklich sachlich richtig ist oder nicht, der Auslöser war er wohl. Erinnern wir uns. Wir sollen zwar immer schön Vertrauen in unseren Bänker haben, sagt er, aber der Bänker hat nie wirklich Vertrauen in uns. Genau hier hat Herr Breuer ein paar Worte zu viel gesagt, mit der Wirkung, dass alle anderen Banken und Gläubiger von Kirch sich bequem hinter dieser „Breuerschen Eiche" in Deckung bringen konnten und entweder kein Geld mehr herausgaben oder Forderungen von Herrn Kirch beschleunigt eintrieben. Das zerreißt auch einen Kirch. Es hat sicherlich auch etwas damit zu tun, dass hier ein Weltkonzernverständnis auf der einen Seite (Breuer) mit dem, zugegeben sehr großen, aber wohl immer noch patriarchischen Mittelständler (Kirch) auf der anderen Seite kollidierte.

Wie schon zuvor beschrieben, ist doch immer wieder der kleinste gemeinsame Nenner der Mensch. Egal, wie groß das Unternehmen ist. Wenn die Chemie zwischen den handelnden Personen nicht stimmt, also gewissermaßen der Kaffee kalt und die Kekse trocken sind, dann bricht das Vertrauen manchmal ganz schnell in sich zusammen. Dabei ist natürlich die Position des Bänkers nahezu immer weit im Vorteil ! - Originalzitat eines Bänkers zu seinem mittelständischen Kunden angesichts einer wirtschaftlich holperigen aber immer noch profitablen Phase im Wirtschaftsjahr:

„...wir haben die Sicherheiten, schulden Sie doch um! Viel Spaß dabei !" Da kommt nicht wirklich Freude auf, wenn ein Unternehmer das von seinem Bänker hört.

Kloppo würde sagen: „zu früh abgepfiffen...gefühlt!"
Nina würde sagen: „ungerecht....isso !"

Der BANK-CODE

7 „Herr Ackermann und die Strategie einer Bank"
...oder, wie fahre ich am besten im Kreis,
ohne dass es einer merkt.

Beide haben recht. Aber so ist es eben, wenn ein sogenannter Kaufmann, der keiner ist, auf einen andern Kaufmann trifft, der einer ist und jeden Tag kämpfen und wühlen muss. So richtig verstehen die beiden sich nie. Also die Kaufleute, nicht Nina und Kloppo.

Nun sind natürlich alle Banken trotzdem immer bestrebt, den Mittelstand zu unterstützen. Also Marketing wirksame Nähe zur Wurzel mit hoher Bodenhaftung zu dokumentieren, besser, zu simulieren. Was sollen sie auch sonst tun, angesichts der weltweit einmaligen Mittelstandsquote von gefühlt 80% in der gesamten deutschen Wirtschaft. Es bliebe ja sonst kaum ein Kunde nach. Aber so richtig lieb haben sie den Mittelstand nicht. Warum nicht ? Ganz einfach, weil ihnen meistens das Geschäft des Kleinunternehmer etwas suspekt ist. Etwas undurchsichtig, etwas zu viel Kleinklein. Dazu kommt die Neigung jedes Menschen, ganz besonders der des Bänkers, sich im internen Wettstreit mit den Kollegen, Abteilungen, Standorten, der Zentrale immer etwas größer darzustellen, als er ist. Die Anzahl Nullen vor dem Komma wächst gewissermaßen mit der Vorstellung des Herrn Bänkers und nicht mit der Wirklichkeit. Dabei ist der Kleinunternehmer meistens etwas im Weg und will ignoriert werden.

Das ist menschlich, aber leider nicht ehrlich und auch nicht gut.Dem geneigten, aber die Stirn runzelnden Bänker, will ich an dieser Stelle eine kleine Geschichte aus der eigenen Erfahrung erzählen. Sie macht trefflich deutlich, wo das Problem liegt. Vor langer Zeit machte ich meine Ausbildung im Außenhandel. Getreide und Futtermittel, Ölsaaten und Öle.

7 „Herr Ackermann und die Strategie einer Bank"
...oder, wie fahre ich am besten im Kreis,
ohne dass es einer merkt.

Daher die Soyabohnen. Hier gab es die verschiedensten Abteilungen für den Handel, die Abwicklung und Befrachtung der einzelnen Produktgruppen. Die größten Menge machten dabei immer, oder meistens, der Getreidehandel. Wobei Tausende von Tonnen weltweit verschifft wurden. Der Zahlengigantismus erfasste dabei leicht alle und man befand sich nicht nur mittags in der Kantine im Wettstreit, wer denn die größten Kontrakte geschrieben hat. 50000 tons lose von Santos nach Rotterdam klingt ja auch viel besser als nur 50 tons gesackt in 2 Containern von Hamburg nach Ghana. Einige der Azubis waren von diesem Virus schnell befallen. Neben der großen Getreideabteilung gab es die kleine Mehl-Abteilung. Die hieß so, weil sie eigentlich am allerwenigsten mit Mehl handelte. Stattdessen mit allem was nicht niet- und nagelfest war. Autos, Zahnbürsten, Elektronik, Zucker, sogar Maschinen und vieles mehr.
Wie kommt ein Agrarhändler an Zahnbürstenaufträge ?
Einfacher, als man denkt.

Wir erinnern uns an das Kapitel „Funktion" und „der kleine Kaufmann". Wenn drei Lieferanten das gleiche Produkt zum gleichen Preis anbieten, wo kauft der Kunde? Bei dem, der am nettesten ist und mit dem er alles im Vertrauen regeln kann.

Dazu sei gesagt, dass unsere kleine Mehl-Abteilung viel mit Westafrika zu tun hatte und der gemeine Afrikaner im Allgemeinen und z.B. der Ghanese im Besonderen die Eigenschaft hat, nur mit Lieferanten zu handeln, denen er vertraut. Egal was. Ein guter Lieferant muss alles besorgen. Wenn Mehl, dann auch Autos oder eben auch Zahnbürsten.

Der BANK-CODE

7 „Herr Ackermann und die Strategie einer Bank"
...oder, wie fahre ich am besten im Kreis,
ohne dass es einer merkt.

Gar nicht so doof, oder ?
Dieses Vertrauen geht natürlich nicht soweit, dass ihm auf der anderen Seite unsere Mehlabteilung alles liefert, ohne das Geld schon zu haben. Vorkasse nennt man das dann. Das hat aber zunächst den Nachteil, dass der Ghanese nicht überweist, wie wir das so kennen. Nein, er ist geizig, aber noch viel weniger traut er seinen eigenen Landsleuten, die auf dem langen Überweisungsweg von West-Afrika nach Hamburg gerne schon mal das eine oder andere % an Gebühr, nein keine Kontogebühr, sondern Überweisungsgebühr nehmen. Gerne auch zweistellig. Da denkt sich der kluge Ghanese, Bargeld lacht und erreicht das Lieferantenbüro mit einer unscheinbaren Tüte, meistens von ALDI, voller Scheine in bar. So macht sich der zuständige Abteilungs-Azubi daran das Geld vom Tresen in die Kasse zu zählen, um nach „gefühlt" 78 Minuten den Gegenwert eines 20ft Container in Zahnbürsten, mittels eines satten „Bezahlt"-Stempel auf die Rechnung gedrückt, in die Buchhaltung zu tragen.

Was hat das jetzt mit der Getreideabteilung und den 50000 tons zu tun ? Das geht so.

Der Getreidehandel bringt zwar große Mengen zustande und in guten Jahren auch hohe Gewinne, weil an der CBT in Chicago ganze Ernten über die Jahre schwanken. Wer da auf der richtigen Seite steht kann Millionen verdienen, wenn er *long* ist – das heißt Ware billig in den Büchern hat und die Preise steigen. Aber leider auch Millionen verlieren wenn er *short* ist – das heißt keine Ware in den Büchern hat, aber liefern muss zu den Preisen von gestern während und diese weiter steigen.

Der BANK-CODE

7 „Herr Ackermann und die Strategie einer Bank"
...oder, wie fahre ich am besten im Kreis,
ohne dass es einer merkt.

Dann ist schnell die Frage, ob die Pizza teurer wird, oder gar nicht erst in die Truhe kommt. Am Ende der vielen Ernten stellt man dann gelegentlich erstaunt fest, dass die große prestigeträchtige Getreideabteilung mit ihren 100.000en von tons gerade mal ihre Kosten erwirtschaftet hat. Dazwischen wurde zwar hin und wieder eine Flasche Schampus geleert aber auch so manches Taschentuch mit Schweiß in schlaflosen Nächten verbraucht. Was haben die vielen Nullen also genutzt? Nichts! - All das hatte unsere kleine Mehlabteilung nie zu erleiden. Sie „fährt keine große Position" - dass heißt sie hat keine großen Lager- oder Buchbestände, deren Wert sich über Nacht auf und ab bewegt. Sie lebt von der Hand in den Mund und von unserem netten Ghanesen mit den Plastiktüten voller Bargeld. Dabei fällt dann nicht 1$ pro Tonne Gewinn, wie beim Getreide, an, sondern gelegentlich 10.000€ am ganzen Container. Der Schampus ist meistens Sekt, aber die Taschentücher kommen nur bei Erkältung zum Einsatz. So, oder ähnlich unterscheiden sich die Mehl- und die Getreideabteilung. Oder anders herum, so unterschiedlich können sich 50.000 oder 50 tons anfühlen !

Kloppo würde sagen:
„gefühlter Spatz in der Hand oder Taube auf dem Dach !"
Nina würde sagen: „Sekt mag ich nicht...isso!" (braves Kind !)

Dieser kleine Exkurs beschreibt, wie sich der Bänker fühlt, wenn er entweder in die große weite Welt hinausgeht und Millionen Kredite vergibt, oder doch nur seinem Kunden, dem kleinen Unternehmer, der wieder den nächsten Betriebsmittelkredit für die Vorfinanzierung des Kundenauftrags benötigt, die Keksdose füllt.

Der BANK-CODE

7 „Herr Ackermann und die Strategie einer Bank"
...oder, wie fahre ich am besten im Kreis,
ohne dass es einer merkt.

Er muss entscheiden zwischen Sekt, oder Selter. Da kann es schon passieren, dass der Bänker zur falschen Flasche greift und so etwas wie bei dem Bauunternehmer Schneider heraus kommt. Das war der, dessen übrig gebliebene 50 Millionen €, von insgesamt nahezu 7 Milliarden €uro, Verbindlichkeiten verteilt auf hunderte Kleinunternehmer von Herrn Kopper als „Peanuts" bezeichnet wurden. Sie erinnern sich !

Diesem Herrn Schneider wurden, in der Sonne seines strahlenden Scheins auf den kleinen Sektempfängen in seinem Schloss, zwischen den Häppchen, immer wieder die nächsten Kredite aufgedrängt. Am Ende war es soviel, dass 50 Mio € tatsächlich „Peanuts" waren, aber das Geld weg und Herr Schneider in Florida auf der Flucht. Da hat wohl so mancher Bänker selber den Schampus mit der Selter verwechselt. Und das ging u.a. so, wie ein Freund von mir aus der Baubranche damals an folgendem Beispiel berichtete.

Der Herr Schneider hat neben vielen anderen Gebäuden auch die „Zeil" in Frankfurt gebaut. Ein schniekes Einkaufszentrum mitten in der Innenstadt. Draußen ein großes Bauschild mit allen Daten darauf. Wer baut, wer investiert, wer finanziert und dazu natürlich auch die geplante Quadratmeter Fläche des Shoppingcenters. Ich glaube es waren 9000qm. So stand es wohl auch in allen Unterlagen und Kreditanträgen. Auf der Zahl basierten also alle Berechnungen. Die zu vermietende oder zu verkaufende Fläche, somit deren Rendite, und damit umgekehrt auch die von den Banken zu finanzierende Fläche.

Praktisch war, dass sogar alle Bänker, die das Objekt finanzierten in der Mittagspause mit dem Eis oder der Currywurst in der Hand daran vorbeilaufen konnten, um sich nach dem Baufortschritt zu erkundigen.

Der BANK-CODE

70

7   „Herr Ackermann und die Strategie einer Bank"
...oder, wie fahre ich am besten im Kreis,
ohne dass es einer merkt.

Das taten sie auch ausgiebig, aber nur das Vorbeilaufen, nicht das Erkundigen. Denn sonst wäre ihnen aufgefallen, dass die Quadratmeter Fläche um die einen oder anderen Hundert oder Tausend kleiner sein musste, als geplant. Fläche ist : Länge mal Breite. Hier dazu noch multipliziert mit der Anzahl der Stockwerke und schwupp, hätte man gesehen, dass da etwas nicht stimmen kann. Sogar mit der Wurst in der Hand und nur circa. Hat aber keiner gemacht. Ich nehme an, weil der Chef gesagt hat, das passt. Und dem Chef widerspricht man nicht. Der verdient mehr und ist klüger.
Denkste ! Der war es, der den Schampus mit der Selter verwechselt hat. Dumm gelaufen. Nun kam, was kommen musste. Schneider ging pleite und plötzlich stellten alle, wahrscheinlich das Bauunternehmen, das die Arbeiten zuerst fortsetzen musste, fest, dass die Hütte ja viel kleiner ist und der umbaute Raum und die Fläche dazu. Mit der Folge, dass die Peanuts immer größer wurden. Da fragt man sich als unbeteiligter Zuschauer sofort, wie vorher schon dargelegt, warum Herr Kopper die 50 Mio € nicht ganz schnell und ganz leise an all die kleinen Unternehmen gezahlt hat, um wenigstens die eigene Schmach, dass seine Mittagspäusler nicht einmal Länge x Breite berechnen können, zu reparieren ? Stattdessen bringt er sie erst richtig gegen sich auf, in dem er die Peanuts erfindet die für den einzelnen Unternehmer eher wie Felsbrocken wirken und die Unternehmer sodann erschlagen. Ist das die Arroganz der Macht? Zumindest hat es damals auf viele so gewirkt. Leider.

Es werden eben häufig nicht die richtigen Fragen an der richtigen Stelle zur richtigen Zeit gestellt. Zumindest nicht an der Weggabelung zwischen Sekt oder Selters.

Der BANK-CODE

7 „Herr Ackermann und die Strategie einer Bank"
...oder, wie fahre ich am besten im Kreis,
ohne dass es einer merkt.

Es ist nämlich durchaus nicht immer so, dass Sekt besser schmeckt als Selters, wie wir ja nun vielfach gesehen haben. Es muss also ein „zurück zu den Wurzeln" geben und nicht immer nur ein „weiter wie bisher". Das gilt, wie wir sehen, auch für Banken und vielleicht sogar gerade für die.

Herr Ackermann und seine beiden Vorgänger müssen davon ein Lied singen können. Ähnlich geht es sicher so manchem anderen Bänker, der in all den Jahren nicht so im Blickpunkt gestanden hat. Es war doch immer wieder so, dass die Herren im Laufe der Jahre neue Strategien ersonnen haben. Vielleicht haben einschlägig bekannte Consultingfirmen oder andere, ihnen das eingeredet? Man weiß es nicht. Wenn man consultet, muss man am Ende des Tages ja auch ein Ergebnis vorzuweisen haben, um seine teuer bezahlte Leistung zu rechtfertigen. In jedem Fall gibt es immer alle 10-15 Jahre gewissermaßen eine Zeitenwende in diesen großen Konzernen. Ob sie wollen oder nicht.

Bei der Deutschen Bank war das in 1998 so. Damals lief gerade die Asienkrise und El-Nino, und die ersten Internetfirmen wie Yahoo kamen auf. EM.TV war auf der Höhe seines Schaffens und alle sahen nur noch Investment Banking als das große Allheilmittel. Bis dahin wurden aus Garagenklitschen, wie Yahoo oder AOL, in weniger als 10 Jahren doppelt so wertvolle Unternehmen wie der 100 jährige Daimler. Das alleine hätte jeden erfahrenen Kaufmann stutzig machen müssen. Wäre aber nicht so schlimm, wenn nicht sogar erfahrene Bänker, wie Kopper, Breuer, Ackermann und all ihre weltweiten Kollegen, auch geglaubt hätten, was sie da scheinbar sahen.

Der BANK-CODE

7 „Herr Ackermann und die Strategie einer Bank"
...oder, wie fahre ich am besten im Kreis,
ohne dass es einer merkt.

Das Dollarzeichen vor Augen meinte man, das ist es worin die Zukunft liegt und ersann die Deutsche Bank 24, die aus der gekauften Bank 24 erwuchs. In diese Tochterbank glaubte man alle kleinen unvermögenden Bestandskunden integrieren zu müssen. Mit leichtem Druck, will sagen, ohne Alternative, um sich im Gegenzug auf das Wesentlichen zu konzentrieren. Die Investmentkunden. Der Fehler war, dass die Definition „vermögender Kunde" erst bei 200.000DM anfing. Damit war natürlich nicht das bezahlte Häuschen gemeint, sondern im Wesentlichen das flüssige Anlagevermögen. Sehr mutig. Sogar die eigenen Firmenkundenbetreuer der Deutschen Bank besuchten ihre Kunden mit Schamesröte im Gesicht und entschuldigten sich noch auf der Türschwelle erst einmal damit, dass sie diese Strategie selber überhaupt nicht gut finden. Sie diese am liebsten gleich wieder abschaffen würden. Gesagt getan, es kam wie es kommen sollte, aber anders. Daraufhin waren Tausende Bestandskunden vergrault und nicht wenige verließen die Bank. Viele langjährige gute Kunden, die sich so etwas einfach nicht gefallen lassen wollten. Es ist auch nicht besonders nett und vertrauensbildend, wenn man plötzlich so offen als kleiner, unbedeutender, Kosten verursachender, nicht profitabler, also lästiger Kunde angesehen wird. So etwa wirkte die Kampagne jedenfalls auf die Normalkunden.

Ein wirklich guter Witz war aber, dass just zur gleichen Zeit die Deutsche Bank eine Werbung monatelang im Fernsehen laufen hatte, in dem um Vertrauen und nur um Vertrauen geworben wurde. Und das ging so. Ein Pilot stieg in sein Oldtimer Flugzeug, so ähnlich wie Herr Bleriot der den Kanal überflog oder die „Fliegenden Kisten" im Kino.

Der BANK-CODE

7 „Herr Ackermann und die Strategie einer Bank"
...oder, wie fahre ich am besten im Kreis,
ohne dass es einer merkt.

Sein Kollege half ihm bei Start und es schien so ein wenig unsicher, ob und wie er überhaupt in die Luft kommen sollte. Am Ende gelang ein toller Start, der Pilot lächelt verwegen und der Kollege jubelt, während der Flieger in rasender Fahrt knapp über die Bäume fegt.

Fazit: so, wie der Pilot Vertrauen in seinen Flieger und sein Können hat, sollten die Kunden, und alle die es werden wollten, Vertrauen in die Deutsche Bank haben. Klar, in die Deutsche Bank, aber nicht in die Deutsche Bank 24 !

Lustig, aber das musste man als Eigentor oder als Frechheit verstehen. Jedenfalls war es nicht gerade geschickt. Das gute Stück wurde dann auch zügig wieder vom Markt genommen, als es bereits zu spät war.

Die Deutsche Bank 24 existiert bis heute, aber ich glaube, keiner nimmt sie wirklich wahr. Und dann kam das, was ins Bild passt. Jahre später, aber viel zu schnell für eine derartige „Zeitenwende", nämlich schon 2003 und nach dem Platzen der Internetblase, reifte die Erkenntnis, dass der kleine Privatkunde doch ganz nett sei und man sich um ihn bemühen müsse.In der Folge wurde langsam umgesteuert und klamm und heimlich war alles, wie es vorher war. Nein viel besser, der Privatkunde wurde nun um so mehr in den Himmel gehoben. Der Chef unseres kleinen Bänkers, der Herr Ackermann, war schlau und hielt sich nicht lange mit mühsamer Akquisition von Neukunden auf. Er stieg bei der Postbank ein und ein paar Jahre später gehörte sie ihm mehrheitlich. Die Postbank hat nämlich ca. 14 Mio. Privatkunden und das passte ins Bild.

Der BANK-CODE

7 „Herr Ackermann und die Strategie einer Bank"
...oder, wie fahre ich am besten im Kreis,
ohne dass es einer merkt.

So kann unser Bänker gleich mit dem Telefonieren anfangen und das Käffchen und die Kekse bereit stellen, für die vielen schönen Finanzprodukte der Deutschen Bank.
Ganz schön trickreich, oder?

Auch wenn zwischenzeitlich die nächste Blase, die Immobilienblase in den USA, platzte, so ist Herr Ackermann dabei geblieben und scheint, so hoffen wir, aus den Fehlern der Vergangenheit gelernt zu haben.
Und tatsächlich, es ist, wie es immer ist im Leben. Die kleinste Einheit ist der Mensch. Um den muss sich eine Bank bemühen, weil dieser alleine entscheiden kann, auch gegen den Willen seines Bänkers, und darum gewonnen und gepflegt werden will. Funktion, Sie erinnern sich?

Rausschmeißen, wie 1998, oder ignorieren, wie bei den Peanuts, oder gar zum Abschuss freigeben, wie bei Herrn Kirch, ist nicht gut. Die neue globale Internetwelt vergisst nicht und sie kann, wenn sie es will, ganz schnell schlechte Presse erzeugen. Die kostet dann Millionen für das Glattbügeln.
Das weiß jetzt auch Herr Ackermann. Hoffentlich hat er es weiter erzählt an den Herrn Fitschen und den Herrn Jain.
Bestimmt hat er das getan!
Zum Schluss dieser kleinen Zeitreise bleibt nur eins festzustellen. Wie kann es sein, dass sich eine große Bank mit ihren vielen schlauen hochbezahlten Köpfen derartig im Kreis dreht? So als wenn Daimler innerhalb von 5 Jahren nur noch Elektroautos baut, nur um festzustellen, dass das nicht geht und er ganz schnell wieder Diesel und Benziner produzieren muss. Daimler hätte so etwas nicht überlebt.

Der BANK-CODE

7 „Herr Ackermann und die Strategie einer Bank"
...oder, wie fahre ich am besten im Kreis,
ohne dass es einer merkt.

Die Deutsche Bank schon. Warum? Genau, wir ahnen es.
Weil der Bänker eben kein Kaufmann ist und nur verteilen muss, statt Langlebiges zu produzieren. Wer so systemrelevant ist, wie der gute deutsche Beamte, ohne den auch nichts geht, der kann sich so eine Irrfahrt leisten. Aber gut, wir Kunden sind ja nicht nachtragend und hoffen immer das Beste.

Kloppo würde sagen: „Schalker Kreisel....gefühlt!"
Nina würde sagen:
„ich find` Mathe doch ganz toll...
war nur ein Scherz Papa...isso!"

Der BANK-CODE

8 „Aktionäre sind wie Politiker"
....über die, die viel reden, aber wenig handeln.

Wo wir gerade bei uns gutgläubigen Kunden sind, die ihrer Bank nur das Beste unterstellen und nie auf die Idee kommen würden, an deren Integrität zu Zweifeln. Kommen wir kurz zu den anderen zwei Spezies, die in der Regel mit uns dieser Meinung sind: Politikern und Aktionären.

Beide Gruppen haben die Eigenschaft, dass sie Teil der Mannschaft sind und bei allem dabei, was eine Bank so macht. Man sollte also davon ausgehen, dass sie deshalb auch über alles informiert und mit der Strategie der Bank einverstanden sind. In der Öffentlichkeit sieht das aber häufig ganz anders aus. Beide unterscheiden sich durch die Eintrittstür, die sie zur Bank genommen haben. Aktionäre gehen durch den Haupteingang und kaufen Bankaktien, weil sie ihr Geld gewinnbringend anlegen wollen und sitzen in der Hauptversammlung hinten in den letzten Reihen. Nur einige wenige vorne vor oder auf dem Podium. Politiker kommen durch den Hintereingang, haben die Aktentasche mit den Aktien, qua Amt, schon in der Hand und sitzen in den vorderen Reihen oder gar auf dem Podium als Aufsichtsrat. So sollte man meinen, dass eine starke Stimme des Volkes uns auch in der Bank bei deren Verfolgung der wirtschaftlichen und moralischen Ziele vertritt.

Weit gefehlt. Die Mitgliedschaft beider Gruppen sichert ihnen zwar die Teilnahme am Aufsichtsrat, das sichert aber noch lange keinen Einfluss auf das Geschehen. Man muss nämlich erst einmal verstehen, was der Vorstand so vorträgt, um sinnvolle Fragen zu stellen und sich im Einzelfall kritisch zu äußern. Und da beginnt der Schlamassel. Bei Herrn Daimler, Bayer oder Metro gib es ja noch Produkte zum sehen und anfassen.

8 „Aktionäre sind wie Politiker"
...über die, die viel reden, aber wenig handeln.

Der schlichte Politiker oder Aktionär kauft sogar selber einen Benz, Aspirin oder die Pizza und weiß, was auf der Rückseite der Packung, dem Beipackzettel oder in der Betriebsanleitung steht. Er kann wenigstens etwas mitreden und Herrn Zetsche sagen, dass die Klimaanlage in der neues E-Klasse nur eine mäßige Wirkung erzielt und er sich doch bitte darum kümmern sollte.

Was aber, wenn es um Finanzprodukte der Bank auf dem asiatischen Markt geht? Derivate, die aus einem Sammelsurium lokaler und regionaler Unternehmen bestehen! Wer kennt die Mischung, geschweige denn die einzelnen Unternehmen und deren Produkte, Betriebszweck oder gar deren Gesellschafter ? Sind die überhaupt seriös? Was sind das für Leute? usw.
Wohin es führt, wenn man all das nicht weiß, haben wir bei den Immobilienzertifikaten anlässlich der letzten Finanzkrise schmerzlich erfahren müssen, deren Sinnbild beispielhaft die „Lehmann-Zertifikate" waren. Der strategische Kauf solcher Papiere durch deutsche Banken wurde wahrscheinlich in den Sitzungen eher allgemein behandelt. Der Hinweis auf die schöne Rendite und das gute Rating wurde als Überleitung zur Einnahme der Pausenschnittchen genutzt. Wir kennen das, wenn wir unseren Banktermin haben. Bei Kaffee und Keksen kritisiert und hinterfragt es sich schlecht. So mag es den Aktionären und Politikern auch gegangen sein. Nur menschlich. Aber ein Kontrollgremium sollte doch mehr tun als das Buffet leeren. Man fragt sich, was denn in all den Sitzungen so passiert und ob es wirklich so schwer ist, die noble Bankenstille in den Chefetagen zu stören. Angesichts solcher Fehler, wie der Zahlung von 300 Mio € der *KFW* noch nach der Insolvenz der Lehmann Bank.

Der BANK-CODE

8 „Aktionäre sind wie Politiker"
...über die, die viel reden, aber wenig handeln.

Dem völlig überhöhten Engagement der IKB Bank für Mittelstand im überseeischen Ausland. Statt die Mittel hier vor Ort für die deutschen Unternehmen einzusetzen, was dem Betriebszweck entsprochen hätte, wurden mit den unübersichtlichen Risiken Millionen, was sage ich: dreizehn Milliarden, verbrannt. So etwas passiert doch nicht von jetzt auf gleich. Das Verbrennen schon, aber nicht der Aufbau des Engagements. Hat sich hier jeder auf jeden verlassen und wurde sich am Ende wieder gegenseitig wohlwollend zugenickt? So ähnlich wie die Bänker vor der Frankfurter Zeil?

Wahrscheinlich muss es so gewesen sein. Kollektives Nicken. Es fehlt das eine schwarze Schaf, wie in dem Kino-Klassiker „die zwölf Geschworenen", das widerspricht und bohrt, bis die Sachlage klar ist und alle Fakten zur Entscheidung, anders als gedacht, auf dem Tisch liegen.
Nach bestem Wissen und Gewissen. Erst dann kann sachgerecht entschieden werden. Wenn dann etwas schief geht, ist es zwar immer noch schlecht, aber alle können zurecht sagen, sie haben das Beste gewollt und vorher nach allen Seiten geprüft. Das ist eigentlich selbstverständlich, aber wohl doch nur selten der Fall.

Ob oder wie geschickt ein Vorstand möglicherweise eigene Vorgehensweisen verschweigt oder verschleiert und sich im Paket mit anderen, harmlosen, offensichtlich klaren Beschlüssen, absegnen lässt, sei dahingestellt.

So etwas wird es geben, ist aber nur schwer zu verhindern. Frei nach dem Motto: „der Dieb glaubt auch nicht, dass er gefasst wird, sonst würde er ja nicht stehlen."

Der BANK-CODE

8   „Aktionäre sind wie Politiker"
...über die, die viel reden, aber wenig handeln.

Wer sich beim Schummeln einig ist, wird auch einen Weg finden, dies zu verdecken. Manchmal sogar mit legalen Mitteln. Nämlich dann, wenn man sich mit Tricks den kurzfristigen Vorteil vorne verschafft, um zu glänzen und den langfristigen Nachteil damit hinten verschleiert, um ihn dem Nachfolger zu überlassen. Wenn jemand später bei der Übergabe an diesen von einem „wohl bestellten Haus" redet, ist Vorsicht geboten. Dann stinken die Leichen meist schon aus der Kellertür. Frei nach dem Motto: glaube nie einer Statistik, die du nicht selber gefälscht hast.
All das scheint den gewöhnlichen Aktionär und Politiker kaum zu tangieren. Er zieht die Augenbrauen hoch, gibt, wie unser jeweiliger Außenminister, weinerlich betroffene Statements, und geht zur Tagesordnung über. Im schlimmsten Fall sichert er noch die rückhaltlose Aufklärung durch ein Sondergremium mit der umgehenden Abstellung der Missstände zu. Ganz schweres Geschütz, wo doch der Aufsichtsrat, in dem er selber sitzt, genau so ein - nicht „Sonder-" aber - Gremium ist.
Das klingt dann wie eine Regierungserklärung zur Lösung welcher Krise auch immer, wenn der Minister zu seinem Vorgehen mit den Worten beginnt mit: „Das ist die Basis als Grundlage des Fundaments meines Handelns !" Sehr schön. Das beruhigt den Zuhörer. Bringt die *KFWschen* 300 Mio € von Lehmann aber auch nicht zurück.

Es hängt eben alles mit allem zusammen und ist nicht so ganz einfach zu durchschauen. Der Aktionär und der Politiker mühen sich redlich, meckern, maulen und mahnen ein wenig auf der Hauptversammlung und in den Medien, aber am Ende des Tages sind sich alle einig und hoffen, dass der Bänker sich bessert und beim nächsten Mal auf den erhobenen Zeigefinger achtet.

Der BANK-CODE

8 „Aktionäre sind wie Politiker"
...über die, die viel reden, aber wenig handeln.

Das ist dann die öffentliche Moral. So wie, als wenn die Nation (der Lehrer) zu erkennen glaubt, dass Emil (der Politiker) im Unterricht eingeschlafen ist, während Hänschen (der Aktionär) bei Emil abgeschrieben hat. Da gibt es was auf die Finger, einen Eintrag im Klassenbuch (Facebook) und weiter geht es bis zum Jahreszeugnis (nächste Hauptversammlung mit Bilanzbesprechnung). Knapp ausreichend, setzen!

Kloppo würde sagen:
„20 Minuten Nachspielzeit....gefühlt!"
Nina würde sagen:
„Nachsitzen? wann lebst du denn Papa....isso!"

Politiker und Aktionäre sind sich also ziemlich ähnlich. Sie sind immer dabei, man braucht sie, nicht immer ist ihr Nutzen gleich ersichtlich, aber sie eint die Hoffnung.
Die des einen nach steigenden Kursen, die des anderen nach steigender Moral.

Das Dumme ist nur, beides zusammen trifft selten zu, weil es sich gegenseitig abstößt wie die Pluspole zweier Magneten. Wenn die Kurse steigen, sinkt die Moral um so mehr. Zumindest besteht die Gefahr. Und umgekehrt steigt die Moral dann besonders, wenn das Mitleid der Herde wegen fallender Kurse gesucht wird. Der arme Investor, das unbekannte Wesen.

Der BANK-CODE

9 „die Lehmänner und ihre Helfer"
...ganz andere, als man so denkt.

Das ist die Vorstufe zu dem beliebten Spiel: Privatisieren der Gewinne und Sozialisieren der Verluste. Wie wäre es, wenn wir alle daran arbeiten, dass Bänker wieder Kaufleute werden und für ihr Tun und Lassen alleine das erste Risiko tragen. Wie Willy`s Chef oder die Mehl-Abteilung. Wenn man nur das verkauft, was man hat, und das mit Gewinn, kann nämlich nichts passieren. Bis dahin wird aber leider nur viel geredet und weniger gehandelt. Wir sollten alle miteinander öfter mal den Lehrer spielen und Emil, Hänschen und seinen Bänkern auf die Finger schauen.

Kaum ein Ereignis der letzten Jahre hat uns alle so sehr beschäftigt, wie die letzte Finanzkrise und die folgende sogenannte Eurokrise. Dabei ist selten ein solches Ereignis so sehr mit dem Fall eines einzelnen Unternehmens und dessen Namen verbunden worden, wie hier: „der Lehmann Bank" mit folgender „Lehmann-Krise". Der Herr Tesa und Herr Tempo haben Jahre und Jahrzehnte gebraucht, bevor ihre Produkte quasi das Synonym als Gattungsname für ihre Produktklasse wurden. So etwas ist Milliarden € wert. Herr Lehmann hat das in wenigen Monaten geschafft und noch nicht einmal einen Dollar dafür bezahlt. Das haben dafür wir gemacht. Nicht aus Dankbarkeit, eher aus Trotz. Soviel ist sicher.

Wie konnte es dazu kommen? Darüber ist viel geschrieben worden, deshalb hier nur in aller Kürze. Ausgangspunkt ist der 11.September 2001 und die Anschläge in New York. In der Folge ging die Weltwirtschaft in die Knie und in allen Industrieländern wurden seitens der Zentralbanken die Geldmengen erhöht, um die Wirtschaft in Gang zu halten. Insbesondere die *FED* Federal Reserve der USA hat das getan.

Der BANK-CODE

9   „die Lehmänner und ihre Helfer"
    ...ganz andere, als man so denkt.

Danach wurde das ganze Land mit billigem Geld geflutet und hat die Industrie und den Konsum befördert. Dabei kam die Immobilienwirtschaft besonders ins Visier der Anleger, wie auch der Konsumenten, weil es ja leicht war, Häuser zu kaufen. Auch mit niedrigem Einkommen konnten sich nun in den USA mehr und mehr Bürger ein Eigenheim leisten. Das erhöhte die Nachfrage und damit die Preise.

Das erhöhte wieder die Nachfrage, weil das Geld ja billig blieb, und dann wieder die Preise usw. Die Banken waren ganz schlau und gingen quasi mit Drückerkolonnen durch die Wohngebiete und verkauften Hypotheken wie geschnitten Brot an den, der noch keine hatte und neue, höhere Hypotheken, an den, der schon ein Haus hatte aber mit dem Extrageld konsumieren wollte. Das ging auch jahrelang gut, weil die Hauspreise immer weiter stiegen.
Nun hat das amerikanische Hypothekensystem einen entscheidenden Haken gegenüber dem deutschen System, und der ist fatal. Die Hypothek wird nicht an den Eigentümer als Person gebunden, so dass er natürlich bestrebt ist, seine Hypothek schnell zurück zu zahlen. Die Hypothek ist an das Haus gebunden, das ja, wie bei uns, in Mehrheit der Bank gehört, die es finanziert. Dieser Umstand ist dann schlecht, wenn der Eigentümer die Raten nicht mehr bezahlen kann. In Deutschland wird im schlechtesten Fall das Haus verkauft und die mögliche offene Resthypothek muss der Eigentümer bezahlen, auch wenn er nicht mehr im Haus wohnt. In den USA geht er zur Bank, legt der Bank den Hausschlüssel auf den Tisch, sagt tschüß und ist raus aus dem Spiel. Der Bank gehört nun nicht nur das Haus, sondern auch die offene Hypothek. Wenn das jetzt massenhaft geschieht, ist es so, als wenn eine Blase platzt.

Der BANK-CODE

9 „die Lehmänner und ihre Helfer"
...ganz andere, als man so denkt.

Dann sitzt die Bank von heute auf morgen auf Hunderten, Tausenden von unbewohnten und halb bezahlten Häusern. Sie alleine muss sehen, wie sie die Häuser verkauft oder vermietet. Wenn das nicht klappt, und die Kreditausfallversicherung, meistens *AIG* aus den USA, auch nicht zahlt, bleibt sie auf den Schulden alleine sitzen. Da es auch sonst in den USA nur wenig Verbraucher- und Sozialabsicherungen gibt, kann sich jeder vorstellen, was passiert. Bis dahin, war alles ein prima Geschäft. Die Banken haben verkauft, die Preise stiegen, die Hypotheken wurden bezahlt, und der Binnenkonsum in den USA entwickelte sich prächtig, weil das Geld von der *FED* da war und mittels der steigenden Immobilienpreise günstig in die Hände der Konsumenten gelangte. Die gaben es aus und so schloss sich der Kreis. Alle wussten, wie es geht und auch, dass die Sache einen Haken hatte. Die Immobilienpreise mussten mindestens stabil bleiben, besser steigen, weil ja die zusätzliche Liquidität nicht in die Tilgung, sondern in den Konsum floss.
Nun merkten die Banken aber, dass sie die Risiken der immer größer werdenden Anzahl an Hypotheken nicht alleine tragen konnten und wollten. Wenn jetzt jemand den „Stöpsel" Preissteigerung zieht, bricht das ganze Gebäude über Nacht zusammen und die Badewanne läuft aus, weil die US-Bürger ihre Häuser sozusagen aufgegessen haben. Kurzfristiger Konsum mit langfristigen Hypotheken finanziert geht meistens, immer, schief. Das wussten auch die Banken und vor allem die Rating-Agenturen.

Deren Orakel lautete fälschlicherweise immer :
„Alles ist gut!" - es hätte aber spätestens ab 2006/2007 lauten sollen: „Alles war gut!". Auch hier wieder das Phänomen der Herde, wie an der Frankfurter Zeil.

Der BANK-CODE

9 „die Lehmänner und ihre Helfer"
...ganz andere, als man so denkt.

Einer läuft vorweg und alle hinterher, ohne zu fragen, obwohl sie es eigentlich hätten besser wissen sollen. Weil es aber schon so viele Bänker und Analysten wussten, es aber nicht dem Bürger sagen mochten und dazu die eigenen Gewinne und Boni gerade so schön üppig flossen, kam man auf folgende perfide Idee: Anstatt immer nur langweilige Hypotheken zu verkaufen, mit denen man zwar ordentliche, aber nie die richtig satten Renditen erzielen konnte, kam man auf die Idee, all die schönen Hypothekenverträge zusammen in einen Topf zu schmeißen. Gesagt, getan. Man fasste die potentiell notleidenden Hypotheken zu Zertifikaten zusammen und verkaufte sie mit schönen Zinsen für die Anleger. Das hatte den noch schöneren, aber trickreichen Nebeneffekt, dass man damit auch einen Großteil der Risiken zunächst los war. Und weil das auch noch nicht reichte, und man sodann ja wieder neue Risiken für neue Kredite eingehen konnte, fasste man diese Zertifikate noch einmal mit anderen Papieren und dann noch einmal mit den Nächsten zusammen, so dass am Ende keiner mehr wirklich den jeweiligen Ursprung der Einzelrisiken erkannte. Teilweise sogar die Banken nicht, deren Ursprungszertifikate in den finalen Papieren versteckt waren. Am Ende kamen u.a. die bekannten „Lehmann-Zertifikate" dabei heraus. Und weil auch die Rating-Agenturen Herrn Lehmann und dessen Papiere immer noch als ein honoriges 100jähriges Bankhaus einstuften, wurden die „Lehmänner" in alle Welt verkauft, ohne dass einer wirklich wusste, was in der Kette dahinter stand.

Man sah nur noch die prima Rendite von 10%, 15%, 20% oder mehr und die immensen Provisionen, die für den Verkauf ausgeschüttet wurden. Wie war das? Wenn die Kurse steigen, geht die Moral nach unten!

Der BANK-CODE

9   „die Lehmänner und ihre Helfer"
         ...ganz andere, als man so denkt.

Alle in den USA und anderswo hatten nun diese Lehmänner und ähnliche Derivate von anderen Banken basierend auf faulen Hypothekenkrediten aus den USA in den Büchern. Auch Privatanleger. Vergessen haben alle eine einzige Wahrheit, auf der das ganze Finanzsystem damals und heute noch beruht. Alle Papiere, egal wie schön und hochtrabend sie auch immer betitelt wurden, waren nur eins: Verbriefte Schulden! Und nur solange diese von ihren Schuldnern bedient werden konnten, waren sie die Zinsen und den Nominalwert des Papieres wert. Um es noch einfacher zu sagen. In der Finanzwelt kann es als kleinsten gemeinsamen Nenner immer nur zwei handelnde Personen geben. Den Schuldner und den Gläubiger. Alles, was in Jahrhunderten darüber hinaus von den Bänkern und ihren Mitstreitern an tollen Produkten erfunden wurde, entpuppt sich schlussendlich nur als heiße Luft, um die Wahrheit zu verschleiern. Da wird es klar, dass der Ungeübte Teilnehmer in diesem Spiel ganz schnell ins Hintertreffen gerät und nur noch als Melkkuh für die übrig bleibenden Profis dient. Wir machen einen Sprung zurück zu Herrn Ackermann. Der hat zu Beginn seiner Amtszeit 2003 und danach freudig die Parole ausgegeben, dass die Deutsche Bank mindestens 25% Umsatzrendite machen wolle. Nicht nur der Gewinne wegen, sondern weil man sonst befürchten müsse, von der Konkurrenz, insbesondere der amerikanischen, abgehängt zu werden. Er wollte damit erreichen, kein schwacher Übernahmekandidat für andere Großbanken zu werden. Das wäre ja sonst auch noch ein Politikum geworden. Also muss es verhindert werden. Egal wie. Diese Marke von 25% wurde nun für alle Banken auch in Deutschland zur Zielvorgabe. Ob sie die Marktfunktion, also den Mehrwert für ihre Kunden überhaupt erfüllten, um diese Margen zu erzielen, interessierte keinen.

Der BANK-CODE

9 „die Lehmänner und ihre Helfer"
...ganz andere, als man so denkt.

Die Lehmänner haben sozusagen den VW-Polo in einer mehrfachen Umverpackung mit wechselnden Aufschriften (Derivaten) als S-Klasse Mercedes verkauft und das auch noch ohne Motor und mit Vorauskasse bei fehlender Werksgarantie. Die weltweite Bankenkundschaft fand das prima und alle haben sich doch auf den Mercedes gestürzt. Nach dem Auspacken waren alle hoch erstaunt, als doch nur ein Polo mit vier Rädern aber ohne Motor drin war.

Kloppo würde sagen: „gefühlter Fehlkauf !"
Nina würde sagen: „die Schuhe passen doch nicht Papa...isso!"

Also auch in Deutschland haben so einige Banken prima Zinsen einnehmen wollen und beim Kauf nicht so wirklich richtig hingesehen. Wahrscheinlich haben habe sie das Urteil der Rating-Agenturen für die Lehmann Bank und das für deren Derivate im Aufsichtsrat hochgehalten und gesagt: „kann gar nichts passieren, ist ja Herr Lehmann". Nun kam es, wie es kommen musste und im Sommer 2008 ging mit vorheriger Ansage seit Frühjahr 2007 schlussendlich die Lehmann Bank Pleite, weil die FED und der US-Finanzminister keine Extra-Kredite zur Stützung bereit stellen wollten. 10-20 Milliarden Dollar hätten angeblich ausgereicht. Da platzte die Bombe und die erste Großbank hatte einen Insolvenzverwalter. Schock. Das interessante war, dass in der Folge einige Wochen später auch die Versicherungsgesellschaft AIG in Not geraten ist. Diese hatte Kreditausfallversicherungen und natürlich auch Hypotheken im Portfolio, so dass sie plötzlich 80 Milliarden US$ an fehlender Liquidität hatte. Hier half plötzlich doch noch die US-Regierung, weil man sonst endgültig eine Lawine losgetreten hätte.

Der BANK-CODE

9 „die Lehmänner und ihre Helfer"
...ganz andere, als man so denkt.

Man sieht, innerhalb von wenigen Wochen ist die Schmerzschwelle von unter 20 Mrd $ auf über 80 Mrd $ hochgeschossen. So ging die Lehman Welle um die ganze Welt und jedes Land hatte seine eigenen Lehmänner in Form von Banken, die gerettet werden mussten. In Deutschland waren es KFW, IKB, die Landesbanken und natürlich auch die Geschäftsbanken und insbesondere die Hypo Real Estate mit ihrer irischen Tochter.

Einige Hundert Milliarden € waren schnell zusammen und sogar Herr Steinbrück und Frau Merkel sahen sich zurecht gezwungen, an einem Sonntag Abend im Oktober eine Garantieerklärung an allen Gesetzen vorbei abzugeben, als in England zwei Banken von Kunden gestürmt wurden, und uns Gleiches am Montag in Deutschland drohte. Das ganze Szenario war schon sehr gefährlich und um Haaresbreite hätte es schief gehen können. Die Politik in Deutschland hat zum Glück schnell, besonnen und richtig gehandelt.

Interessant ist aber nun, wie es in Deutschland soweit kommen konnte und wie man es hätte verhindern können. Die ersten, die in schwere See gerieten, waren die Sachsen LB und die West LB schon in 2007 und Anfang 2008. Dann die HSH Nordbank und die Bayern LB, später die Südwest LB. Zwischendurch die *IKB* und ein wenig die *KFW*. Die Hessen LB und die Nord LB kamen hart angeschlagen mit einem blauen Auge davon. Alles nur Staatsbanken bis auf die Commerzbank, die dann zur Staatsbank wurde. Die Geschäftsbanken wie Deutsche Bank oder Hypo Vereinsbank waren zwar betroffen und mussten auch einiges abschreiben, aber gemessen an ihren Bilanzsummen und in absoluten Werten offensichtlich weit weniger.

Der BANK-CODE

9   „die Lehmänner und ihre Helfer"
    ...ganz andere, als man so denkt.

Nur die *HRE*/Hypo Real Estate als einzige weitere Geschäftsbank wurde durch ihre irische Tochterbank massiv in den Strudel gerissen, so dass ihre Gesellschafter sogar am Ende durch den Staat enteignet werden mussten.
Sehr ungewöhnlich, oder doch nicht?
Was war passiert, wo doch die Geschäftsbanken als die „bösen" Verursacher schnell erkannt wurden? - Wie konnte es die „guten" Landesbanken mit ihren noch besseren Kreissparkassen und Landräten als Gesellschafter treffen? Verkehrte Welt? Nein, im Gegenteil. So musste es kommen. Warum? - Weil es Basel 2ff und die EU gibt. Dazu die Unternehmenshistorie und die Zusammensetzung der Gesellschafter. Verfehlter Geschäfts-zweck, wo Sparkassen historisch doch nur Privatkunden in ländlichen Gebieten versorgen sollten. All das waren die Rohstoffe für das Rezept des Untergangs für Landesbanken.

Der Reihe nach. Die Kreissparkassen sind zur Hälfte die Gesellschafter ihrer jeweiligen Landesbanken zur anderen Hälfte die jeweiligen Bundesländer, also die Politik. Die Kreissparkassen Ihrerseits gehören den Kreisen, also so zusagen dem Landrat als Vertreter des Kreises, also auch die Politik. Die KSKs machen in ihren Kreisen die Bankgeschäfte, und wenn diese darüber hinausgehen mit ihren Nachbarsparkassen und wenn es noch weiter über die Bundesgrenze hinaus geht, dann gehen sie über ihre Landesbanken als erweitertes nationales oder internationales Geschäft. Die Landesbanken ihrerseits halten sich aus den Kreisen ihrer Gesellschafter heraus. Diese Aufteilung ist im Prinzip fest gefügt und wird gegenseitig akzeptiert. Aber schon in den 90er Jahren haben einige KSKs angefangen in fremden Gefilden zu wildern. Denen ihrer eigenen Landesbanken.

Der BANK-CODE

9 „die Lehmänner und ihre Helfer"
...ganz andere, als man so denkt.

Das Auslandsgeschäft ist ja auch ganz interessant. Gleichzeitig mussten die LBs das Spiel zähneknirschend hinnehmen, weil die KSKs in ihren Aufsichtsräten saßen. Somit wurde der LB Kuchen immer kleiner und der KSK Kuchen immer größer. Zu der Zeit um 2000 wurde gerade Basel 2ff verhandelt und es drohten Einschränkungen für die KSK. Dazu kam die Europäische Union, die die bis dahin in Stein gemeißelte Gewährsträgerhaftung der Landkreise und Länder für ihre KSKs und Lbs als rechtswidrige Subvention einstufte und die Einstellung dieser Unterstützung bis 2006 einforderte. Diese Haftung der Politik sorgte für ca. 1% günstigere Einkaufspreise für Geld bei der Bundesbank, weil es einer quasi kostenlose Sicherheit durch den Staat entsprach. Und das ist natürlich zurecht eine unzulässige Marktverzerrung, die die konkurrierenden Geschäftsbanken schon lange anprangerten. Nun kamen die KSKs in die kalkulatorische Zwickmühle. Zumal eine durchschnittliche KSK, z.B. im Hamburger Umland, etwa 700 Mitarbeiter im Kreis hatte. Während die dort konkurrierenden Geschäftsbanken mit ungefähr 300 Angestellten noch nicht einmal die Hälfte zählten. Die Kosten drohten aus dem Ruder zu laufen, während die Einstandspreise immer weiter stiegen und im Verkauf die zu erzielenden Zinsen durch den Markt gedeckelt wurden. Dazu kam der Nachteil, dass der jeweilige Herr Landrat als Gesellschafter auch notorisch klamm war und lieber über Gewinnausschüttungen seiner Bank redete, als über weitere Kapitaleinschüsse auf Kredit. Personalentlassungen zur Kostenreduzierung machten sich auch nicht so gut, denn trotz der höheren Filialzahl waren die KSKs dennoch deutlich überbesetzt. Dazu hätten die Pensionsversorgungen und Betriebskassen für die ausscheidenden Mitarbeiter ohnehin bedient bzw. gefüllt werden müssen.

Der BANK-CODE

9   „die Lehmänner und ihre Helfer"
...ganz andere, als man so denkt.

Entlassungen hätten auf die Stimmung gedrückt und die Wiederwahl des Herrn Landrats gefährdet. Die Müllgebühren als Mittel der Wahl sind auch schon bis unters Dach ausgereizt und den Bürgersturm auf das Kreishaus wollte man ja auch nicht provozieren. Was also tun?

Da waren die Landesbanken doch ein williges Opfer. Wildern in fremden Gehegen und gleichzeitig konnte man ja dem Herrn LB-Vorstand den Mund verbieten und dazu auffordern die 25% Rendite zu erwirtschaften, die Herr Ackermann soeben als opportunes Mittel der nationalen Gefahrenabwehr festgelegt hat. Was der weltgewandte Schweizer Bänker Herr Ackermann kann, kann ein rotwangiger kleingewachsener KSK Vorstand mit landwirtschaftlicher Grundausbildung und abgeschlossenem Sparkassenbetriebswirt schon lange. Sein Vorstand bei der LB gefälligst auch. Und wenn die LB dann 25% Gewinn ausgewiesen hat, kann sie die ja gleich ausschütten. Das klang doch prima.

Und so sägten die bauernschlauen KSK Vorstände rund um ihre LB an dem Ast, auf dem sie mit der LB zusammen selber saßen. Die LB, gar nicht faul, suchte ihr Heil in der Weite und wurde auch gleich fündig. Wir raten gar nicht erst. Genau, die Lehmänner mit ihren 20% kamen gerade recht. Den Inhalt der Lehmann Derivate hat man ohnehin kaum geprüft und hätte ihn wahrscheinlich sowieso nicht verstanden. Mehr noch, die LBs wiesen die Investmentbanken in New York und London sogar noch an ihnen persönlich zugeschnittene Zertifikate zu entwickeln. Laufzeit, Zinsen, Summen etc. sollten sich doch passgenau in das LB-Engagement fügen. Zumal man ja, noch, die Gewährsträgerhaftung als Sicherheit ins Feld führen konnte.

Der BANK-CODE

9   „die Lehmänner und ihre Helfer"
...ganz andere, als man so denkt.

So hat man den Derivate-Kauf mundgerecht vorbereitet und im Aufsichtsrat gleich durchgewunken und dabei nur die $-Zeichen in den Augen gehabt. Nicht viel tun, außer die überschüssige aber um so billigere Liquidität der Zentralbanken in Lehmännern anlegen. Dazu hatte man ja viel private Kundschaft, die sicher auch an einer guten Rendite interessiert war. Zu 10% nur, denn man muss etwas übrig haben. Warten bis der Kuchen gar war, und schon sind alle in der Kette rückwärts wieder glücklich und zufrieden. Das ging auch lange gut. Derweil haben die KSKs ihre Stammkundschaft in Form von kleinen Unternehmen, obwohl erst wenige Jahre vorher teuer aquiriert, gleich mit hinaus geschmissen. Sie erinnern sich wie eine Bank sagte: „Wir haben die Sicherheiten, schulden Sie doch um. - Viel Spaß dabei !" war das Zitat, das langjährige, ordentliche Geschäftskunden schon mal zu hören bekamen. Die schmale Kreditrendite der Kreditkunden konnte gegen die 20-25% der Lehmänner natürlich nicht an stinken.
Dabei wurde so manchem Kleinunternehmen, manchmal sogar rechtswidrig, der Betriebsmittelkredit gekürzt oder gar ganz gekündigt. „Kündigung zur Unzeit" nennt man das, wenn die Bank, obwohl sie keinen rechtlich zulässigen Grund hat, die vertraglich zugesicherten Kreditlinien kürzt oder kündigt und damit eine potentielle Insolvenz erst erzeugt, die andernfalls nicht hätte eintreten können oder müssen. Oft auch noch zum Schaden Dritter. Dagegen kann das Unternehmen gerne rechtlich vorgehen, aber das ist nahezu hoffnungslos, solange die Bank ihr Spiel einigermaßen verschleiert. Denn sie würde dem Vorwurf natürlich widersprechen, und es käme zum Rechtsstreit zwischen der großen Bank und dem mutmaßlich kleinen Unternehmen. Wir ahnen, was folgt.

Der BANK-CODE

9   „die Lehmänner und ihre Helfer"
         ...ganz andere, als man so denkt.

Der Streit endet im Kleingedruckten der Kreditverträge und dauert ohne echtes Ergebnis so lange, bis das Unternehmen durch Liquiditätsmangel und die zusätzlichen Kosten des Rechtsstreits von alleine pleite ist. Es trägt nämlich die Beweislast ! Die Bank bekommt somit im Nachhinein für etwas Recht, was sie selber ohne Not und quasi illegal herbeigeführt hat. Das Unternehmen ist aber tot und die Arbeitsplätze weg. Und genau so ging es dem besagten Unternehmer. Er hatte sogar Kopien von internen Berichten der Bank zu seiner eigenen Firma, dessen Originale der schlaue Kundenbetreuer bei ihm hatte liegen lassen. In diesen Papieren stand das Fazit, als Empfehlung, der internen Risikoabteilung. Man kann auf rechtlich und vertraglich korrektem Wege den Kunden nicht loswerden, aber stattdessen aushungern. Die Firma befand sich, laut deren Aussage, zwar in wirtschaftlich schwierigem Fahrwasser – wer tat das nicht in den Jahren nach 9/11 – aber sie war auf einem ordentlichen Weg und bilanztechnisch und operativ durchaus gesund.
Deshalb könne man sie nicht vor die Tür setzen ohne sich dem Vorwurf einer „Kündigung zur Unzeit" auszusetzen und damit angreifbar zu machen. Deshalb schlug die interne Risikoabteilung vor, den Kunden langsam auszutrocknen indem man ihm langsam die Kredite entzieht, also das Engagement auf null fährt und die Sicherheiten solange möglichst in Gänze behält. Das war sozusagen das gewollte oder in Kauf genommene Todesurteil für das kleine Unternehmen. Durch die folgende quasi „self fulfilling prophecy" - sich selbst erfüllende Prophezeiung - war die Bank damit nach außen geschützt gegen den Vorwurf Dritter, man hätte das Unternehmen vorsätzlich an die Wand gefahren. Denn wer sollte stichhaltig das Gegenteil behaupten können ?

Der BANK-CODE

9   „die Lehmänner und ihre Helfer"
...ganz andere, als man so denkt.

Der Unternehmer selber ist ja parteiisch. Dritte haben kein Interesse an einer solchen Schlammschlacht und die eine Bank hackt der anderen Bank keine Augen aus. Das war damals eine bewährte Methode, über die aber keine Bank gerne redet, um scheinbar unrentable Kunden loszuwerden, zumal wenn die Bank, die dieses Szenario ausgelöst hat, auf den Sicherheiten sitzt und nach der „künstlich forcierten Insolvenz" alle anderen Gläubiger den Schaden haben. Da ist sich die Bank doch gerne selber der Nächste. Dazu kam, dass man ja im Rahmen der Kreditgesetze auch noch höhere Einlagen auf Kreditvergaben an Kunden bei der Bundesbank zur Sicherheit hinterlegen musste. Die Mindestreserve. Auch das drückte die geliebte Marge und das Eigenkapital. Da war es günstiger, den Außenhandelsbetrieb, den Großhändler oder Bauunternehmer auf diese oder eine andere schlanke Weise loszuwerden. Unternehmen, erst recht Kleine, sind ja immer ein hohes Risiko, weil sie Kaufleute sind und keine Verteiler. Der Oma wurde statt dessen lieber das Häuschen mit der passenden Hypothek verkauft. Das brachte zwar auch nicht mehr Ertrag, erforderte wegen der Grundbuchabsicherung kaum Rücklagen bzw. Eigenkapital der Bank. Zuletzt war sich der nette KSK Vorstand ja auch noch selbst der Nächste, wenn es um die eigenen Ergebnisprovision ging. Und die darf selbst-verständlich nie in Gefahr geraten. So gingen die Jahre bis 2007 / 2008 dahin, bis sich die selbst gebaute Zwickmühle sozusagen krachend in einer Staubexplosion entlud. Als erstes standen die Landesbanken im Sturm und konnten kaum Luft holen. Wer gedacht hatte, dass die KSKs oder Landräte als Gesellschafter mit ihren vorher üppig eingezogenen Gewinn-ausschüttungen neues Eigenkapital nachgelegt hätten, um ihre LB-Töchter zu retten, sah sich schnell eines Besseren belehrt.

Der BANK-CODE

9   „die Lehmänner und ihre Helfer"
       ...ganz andere, als man so denkt.

Bis heute wollen die KSKs nichts von den durch sie selber forcierten und mittelbar erzeugten Verlusten wissen. Sie lassen es sogar zu, dass die Bundesländer als Mitgesellschafter bei den LBs durch Noteinlagen oder Bürgschaften aus unseren Steuergeldern die Anteile der KSKs zusätzlich verwässern. Diese also still enteignen. Immer noch besser als zahlen, dachten die KSKs. Zumal die schönen Gewinne der Lehmann-Jahre ohnehin verdunstet waren. Mehr noch. Es gab eine KSK aus dem Hamburger Umland, die von ihrem Kreistag die Anteile an einem bekannten Energieversorger im Wert von angeblich 20 Millionen € per Beschluss fast für lau überschrieben bekommen hat, um nicht selber pleite zu gehen. Wie rechtens das war, ist mir nicht geläufig. Das wissen andere bestimmt besser. Am Ende bleibt festzustellen:

So mancher kleiner Kreisbänker ist seinem Ruf nicht nur mit Bauernschläue nachgekommen. In der Öffentlichkeit stellt sich dieser aber bis heute gerne mit einigem, aber fragwürdigem, Erfolg als die steile Festung des deutschen „Gutbänkertums" dar. Während die „bösen" Geschäftsbanken und ihre Ackermänner die ganze Prügel abbekommen sollen. In Wirklichkeit ist es nahezu umgekehrt. Die kleinen pausbäckigen Dorf- und einige andere Staatsbänker haben den größten Teil des deutschen Anteils an der Lehmann-Krise erst in dem Ausmaß möglich gemacht und zu verantworten. Bis heute sagt ihnen das aber keiner. Das auf dem Weg die gleichen Sparkassen vielen tausend Privatanlegern ausgerechnet die Lehmänner als „sichere Anlage" mit tollen Renditen angedient haben, obwohl die Sparkassen es selber im Grunde besser wissen mussten, ist um so trauriger.

Der BANK-CODE

9 „die Lehmänner und ihre Helfer"
...ganz andere, als man so denkt.

Wenn dagegen nach nunmehr 5 Jahren Aussicht besteht, dass diese Privatanleger einen Teil ihrer Verluste vom Insolvenzverwalter der Lehmann Bank zurück bekommen, kann man das erst recht nicht den Sparkassen gut schreiben. Bis heute haben sie sich durch alle Instanzen gegen eine Schuld gewehrt, bis einzelne Kunden ihren Bankberater, mit gerichtlicher Hilfe, der Falschberatung überführen konnten.

Dass derartige Beratungen, manchmal sogar per interner Dienstanweisung, häufig absichtlich so missverständlich oder unzureichend erfolgt sind, wird solange verschwiegen, bis der Richter im Einzelfall, das Gegenteil befindet. So könnte man sagen, dass sich die Sparkassen zu den heimlichen Helfern der Finanzkrise auf geschwungen haben. Allein durch Raffgier und Ignoranz. Wer hätte das gedacht ? Man muss sogar konstatieren. Wenn nicht diese unsägliche Überheblichkeit gerade der Bänker der LBs und KSKs, deren Aufgabe eigentlich speziell die Finanzierung der regionalen Wirtschaft ist, gewesen wäre, hätte es die Finanzkrise in Europa in der Form gar nicht geben können. Gewagte These? Ich meine nein. Im Gegenteil. Europa wäre nicht so stark in den Strudel der ursprünglich ausschließlich amerikanischen Finanzeskapaden hinein gezogen worden. Europa hätte in der Folge keine so umfänglichen Rettungsaktionen der Banken einleiten müssen. Europa hätte mit sehr viel weniger Abwehraufwand nur eine kleinere oder mittlere Rezessionsdelle erlebt. Die europäische Binnenwirtschaft hätte als Rettungsanker gegen die, ohne Frage großen, Einbußen im Export fungieren können. Die Krisen in Südeuropa wären weniger stark ausgefallen und wir hätten schneller und mit nur kleinen Bordmitteln die Südstaaten aus der Krise holen können.

Der BANK-CODE

9   „die Lehmänner und ihre Helfer"
...ganz andere, als man so denkt.

Alle Folgekosten wären geringer ausgefallen und hätten, statt Banken zu retten, in die Konjunkturförderung oder in weitere Staatsinvestitionen gesteckt werden können. Desweiteren hätte sich Europa als das „relativ" stabilere Finanzsystem darstellen können und im Nachgang, der dann nur noch amerikanischen Finanzkrise, sogar die zukünftigen Schutzmaßnahmen gegen weitere Krisen stringenter durchsetzen können. Wer Recht hat, bestimmt die Regel.

Der Beweis der „sichereren" Bankenphilosophie gegenüber dem angloamerikanischen System wäre politisch leichter gefallen und wir würden heute einige Diskussionen über die Sicherung der Banksysteme gar nicht mehr führen.
So aber haben die „politisch gesteuerten" Nicht-Geschäftsbanken (Lbs und KSKs) in Deutschland und in Folge in ganz Europa mit ihrer Überheblichkeit und falschen Gewinnstreben die Deiche erst eingerissen, die uns zuvor noch gerade so hätten schützen können. Nun aber ist von der unkontrollierten Flut alles hinweg gerissen worden. Auch die Wahrheit über diesen Umstand. Diese bisher wenig beschriebenen Zusammenhänge zeigen, dass Bänker, und schon gar Landes- und Sparkassenbänker, keine Kaufleute, vielfach ohne echte Funktion im Markt, und noch weniger geprüft und kontrolliert waren.
Dafür aber nicht selten mit nahezu unlauteren Mitteln und vielfach einseitigen Informationen agiert haben, um die Kunden zu übervorteilen. Solange die Banken sich nicht wirklich selber, oder durch die *BaFin* kontrolliert, beschränken, muss man mit all diesen Erfahrungen als Kunde jede einzelne Bank als potentiellen Schummler betrachten. Bis sie uns, dem Kunden, das Gegenteil durch Fleiß und erarbeitetes Vertrauen am besten schriftlich beweist. Traurig aber wahr.

Der BANK-CODE

9   „die Lehmänner und ihre Helfer"
          ...ganz andere, als man so denkt.

Dies ist gewissermaßen die Bringschuld einer jeden Bank. Die Umkehr der Beweislast könnte an dieser Stelle durchaus zu diskutieren sein. Es kann nicht sein, dass die Banken einerseits von ihrer Systemrelevanz in der Gesellschaft profitieren aber andererseits so tun, als würden sie Schrauben verkaufen und keine hochgefährlichen Finanzprodukte. Wir sind ja nicht vor Gericht, sondern in der harten Wirklichkeit. Immerhin hat kürzlich eine Studie der Universität Frankfurt herausgefunden, dass "Kunden von Banken mit Aktien-Eigenhandel eine signifikant schlechtere Rendite ihres Aktienportfolios haben". Warum? - Weil die Banken ihren guten Privatkunden die eigenen schlechten Aktienpositionen verkaufen, um diese nicht kurszerstörend selber, „engros", auf den Markt bringen zu müssen. So landen die Verluste bei den Kunden und die Banken haben ihre Fehlpositionen bereinigt. Interessant.So etwas ähnliches stellt zur Zeit gerade die eigene Revisionsabteilung der Postbank fest. Da wird intern berichtet, dass über 70% der Produktverkäufe an Privatkunden durch offensichtliche Falschberatung des eigenen Postbank Vertriebs in Schieflage zu geraten drohen. Sogar der Art drastisch, dass der Ausfall möglich ist. Zu dem Zweck musste sogar auf diese drohende Möglichkeit im Erläuterungsbericht der letzten Bilanz hingewiesen werden. Wir erinnern uns an die Kreiselstrategie. Die Postbank ist die Bank, deren Anteile der Herr Ackermann anläßlich ihres Börsengangs bereits gekauft und einige Jahre später mit Mehrheit übernommen hat. Jetzt könnte man ja böse sein und denken, dass er deshalb schnell den Hof verlassen hat, bevor diese Tretminen hochgehen. Wie schon berichtet, ist es in Konzernen nicht selten ein beliebtes Spiel die Erträge zur eigenen Belobigung vorzuziehen und den späteren Schaden dem Nachfolger zu überlassen.

Der BANK-CODE

9 „die Lehmänner und ihre Helfer"
...ganz andere, als man so denkt.

Ob Herr Ackermann das den Kollegen Fitschen und Jain aber auch gesagt hat ? - Wir wissen es nicht und wollen auch nicht mutmaßen, sondern nur ein kleines Gedankenspiel aussprechen. Denn wir sind ja nur einfache Konsumenten und kleine Kaufleute. Deshalb können wir so etwas ja auch gar nicht wirklich beurteilen. Trotzdem bleibt uns dabei die Pizza im Hals stecken.

Als Schlussfolgerung all dieser geschilderten Vorkommnisse, muss um so mehr dringend ein Missstand abgeschafft werden, der lange diskutiert aber nie behoben wurde. Alle Landesbanken, bis auf eine neu zu gründende bundesweit agierende Landesbankzentrale, müssen abgeschafft werden, weil der Rest schlicht und einfach überflüssig ist. Alle bisherigen Landesbanken sind nichts weiter als wirtschaftlich sinnlose Parkgaragen für abgehalfterte Politiker. Sie sind nichts weiter als die egomanen Ausbünde von Landespolitikern, die damit ihre politischen Vorlieben finanzieren wollen, um dem Wahl-Volk Macht und Einfluss vorzugaukeln. Es gibt kein einziges Finanzprodukt, dass nicht genau so von einer einzigen, bundesweit agierenden durch alle Sparkassen der Bundesrepublik Deutschland getragenen, Landesbank hätte finanziert und gefördert werden können, wie mit dem bisherigen System der „vielen" Landesbanken.
Darüber hinaus gibt es ja ohnehin auch noch ordentliche Geschäftsbanken, die die Arbeit auch nicht schlechter tun könnten. Das Argument „Bundes- oder Landesfördergelder" die über staatliche Landesbanken abgewickelt werden sollen oder müssen, zieht dabei auch nicht. Das kann die KFW mit der örtlichen KSK und „einer" Landesbank genauso gut, wie mit einer herkömmlichen Geschäftsbank.

Der BANK-CODE

9   „die Lehmänner und ihre Helfer"
...ganz andere, als man so denkt.

Es bleibt festzustellen, dass es selten ein Unternehmen gab, und leider noch gibt in der Deutschen Wirtschaft, dass derart ohne Funktion, ohne notwendigen Betriebszweck ist, wie eine regionale Landesbank. Deshalb gehören sie alle abgeschafft. Wohin es führt, wenn jemand versucht wirtschaftlich aktiv zu werden, der keine Funktion hat, ist hier ausführlich und eindrücklich beschrieben worden. In ein Desaster, das am Ende wir alle mit Steuergeldern zu zahlen haben. Dies muss nicht nur nicht sein, sondern zuerst aufhören, bevor wir über neue Kontrollen der Banken nachdenken. Funktion ist alles. Wer keine hat, gehört raus aus dem Markt. Zumal dann, wenn er mit seiner puren Existenz auch noch den Markt derart verfälscht, dass es zu Lasten Dritter Verschiebungen gibt, die am Ende wieder teuer bezahlt werden müssen. Von uns.

Wie man es besser macht, haben die genossenschaftlichen Volksbanken gezeigt, die sich aus dem gefährlichen Vorspiel zur Finanzkrise offensichtlich von Anfang an ganz heraus gehalten und diese demzufolge unbeschadet überstanden haben. So macht man es richtig, wenn man sich an die Funktion hält!   Mann könnte also abschließend als Fazit Folgendes zuspitzen:

„Die KSKs waren sozusagen die, die uns die Salami-Pizza mit dem Pferdefleisch verkaufen wollten, dass zu diesem Zweck von den Lbs aus dem Ausland importiert werden sollte, um es uns heimlich zur eigenen Kalkulationsverbesserung unter den Teig zu mischen !" - Mahlzeit !

Kloppo würde sagen: „gefühlter Mist...!"
Nina würde sagen : „meine Pizza schmeckt komisch...isso !"

Der BANK-CODE

10   „wann 25% Rendite doch geht"
...aber nicht dauerhaft

Jetzt haben wir viel über Kaufleute und Märkte, Handel und Funktionen gehört. Dabei ist offensichtlich, dass dieses System immer im Fluss ist und nie still steht. Alles hängt mit allem zusammen und beeinflusst sich gegenseitig. Stillstand ist unmöglich, und Bewegung erzeugt Lücken und Nischen, in die gerade unser kleiner Unternehmer mit Erfolg stoßen kann. Große Unternehmen haben zu lange Entscheidungswege, zu viele Personen und Strukturen, die in Einklang gebracht werden müssen, um Neues erfolgreich umsetzen zu können. Dazu kommt die häufige Unfähigkeit, einfach und direkt zu denken und zu handeln. Der Große als System gewöhnt sich das sozusagen selber ab. Er erstarrt in Konventionen und wirkt dabei schnell wie ein Supertanker, der keine engen Kurven fahren und weder schnell bremsen noch beschleunigen kann. Alles muss weit im voraus geplant werden, und Strategiefehler können tödlich sein.

Ein gutes Beispiel ist die aktuelle Insolvenz der Praktiker Baumärkte. Das gleiche viel zu aufwändige Sortiment wie die Konkurrenz, aber Marketing mit ständigen Rabattexzessen. Die Wahrnehmung des Kunden ist „Billigheimer". Die für das Unternehmen notwendigen Listenpreise mit den kalkulierten Erträgen stehen auf dem Papier, werden aber nie erreicht. Die kommende „Untiefe" ist schneller erreicht, als der Tanker zum Bremsen oder zur Kurskorrektur gebracht werden kann. Die folgenden Rabatterhöhungen als Umsatz steigerndes Mittel sind Strohfeuer und beschleunigen nur die Fahrt auf die Felsen. Das Ende ist bekannt. Hier wurde offensichtlich die Funktion verfehlt. Ein Vollsortimenter kann nicht gleichzeitig Discounter sein. Dieser Widerspruch erzeugt keine Kundenbindung. Im Gegenteil. Praktiker diente nur als Lückenbüßer.

Der BANK-CODE

10   „wann 25% Rendite doch geht"
            ...aber nicht dauerhaft

Nämlich dann, wenn der Preis stimmt. Ansonsten bleibt der Umsatz aus und die Kosten laufen den Margen davon. Die Fähigkeit ermöglicht die Funktion. Die Unfähigkeit verhindert sie. Das Gegenteil wäre richtig gewesen. Konzentration auf die für jeden Kunden lebensnotwendigen Artikel und diese günstig und immer verfügbar. Das hätte erhebliche Kosten für Lager, Finanzierung, Personal, Fläche und Marketing erspart, so dass wahrscheinlich die vorhandenen Erträge ausgereicht hätten. Da Praktiker gleichzeitig mit seinem Tochterunternehmen Max Bahr eine Baumarktkette besitzt, die die Gegenseite abdeckt, wäre es um so sinnvoller gewesen. Max Bahr ist als Vollsortimenter auf höherem Preisniveau mit Qualitätsprodukten sehr erfolgreich. Bahr erfüllt seine Funktion und ist vom Kunden mit dieser Strategie akzeptiert. Fragt sich nur, wie lange noch, wenn die Mutter strauchelt? Praktiker hat sich selbst in Konkurrenz gestellt, ohne die Leistung wie Bahr zu erbringen. Übrig blieb das Rabattmarketing. Man hat vergessen, die Kosten und Produktliste zu bereinigen. Wir sehen hieran sehr gut, dass nur eine möglichst exklusive und für den Kunden klar ersichtliche Funktion im Markt eine auskömmliche Marge und sogar eine Prämie auf die Marge, also zusätzliche Erträge, bringen kann. Das klingt so einfach, und Sie denken sicher, was ist daran neu? Nichts, aber es wird von vielen Unternehmen immer wieder unterschätzt.

Es geht im täglichen Geschäft häufig unter, sich ständig zu vergewissern, ob das eigene Unternehmen noch allen Erfordernissen in dieser Hinsicht entspricht. Hinzu kommt, dass der Mensch ungern Bestehendes ändert. Ausrufe wie: „das war schon immer so" o.ä. sind bekannt, beliebt aber auch gefährlich.

Der BANK-CODE

10 „wann 25% Rendite doch geht"
...aber nicht dauerhaft

Der gesunde Ausgleich zwischen Kontinuität und Wandel ist immer notwendig. Gar nicht so einfach. Auch für den umtriebigen, geschickten Unternehmer nicht. Weder den Kleinen noch den Großen. Dabei ist auch wichtig alle Mitarbeiter mitzunehmen, wie es neudeutsch heißt. Hier kommt wieder unser Willy ins Spiel. Wenn er überzeugt ist und sich mit dem Produkt oder der Änderung arrangieren kann, dann ist das die halbe Miete auf dem Weg der Funktionserhaltung. Ein leitender Mitarbeiter eines bekannten Süßwarenherstellers sagte mal: „Wir stellen doch nur Fressware her!" Das ist symptomatisch. Wenn selbst der Vertriebschef so denkt, die Geschäftsleitung aber stattdessen an alle Kunden die Parole ausgibt, dass das Unternehmen nur beste Qualitätsprodukte herstellt, während sie selber in den Preisen die dafür notwendige Marge nicht kalkuliert hat, dann stimmt etwas nicht.
Hier stinkt der Fisch vom Kopf. Und siehe da, der Süßwaren-hersteller steigert zwar die Umsätze, zerstört aber die eigenen Margen, hat die Qualität und die Kosten nicht wirklich im Griff und lebt folgerichtig aus der eigenen Substanz. Das geht einige Jahre gut. Bis es, wie bei Praktiker, kracht. Die Kunden und erst recht die Konkurrenz schauen amüsiert zu und klatschen zum rechten Zeitpunkt betroffen Beifall. Dann könnte es für die Konkurrenten und Investoren heißen, die Reste aufzusammeln und zum eigenen Vorteil zu nutzen, oder alles zu liquidieren. Es ist dann immer traurig für die langjährigen Mitarbeiter, wenn ein völlig überfordertes und Markt fremdes Management in ignoranter Missachtung der Realität den Laden an die Wand fährt. Der Elfenbeinturm ist dann meistens so hoch, dass selbst ein Fernglas nicht ausreicht, um die Niederungen der täglichen Erfordernisse im eigenen Unternehmen zu erkennen,

Der BANK-CODE

10 „wann 25% Rendite doch geht"
    ...aber nicht dauerhaft

geschweige denn, diese zielführend so umzusteuern, dass die Erträge wieder dauerhaft wachsen und die Mitarbeiter motiviert arbeiten.

Wir sehen an diesen Beispielen, die Marge und in Ihrer Folge die Rendite sind ein scheues Reh. Sie kommt so schnell wie sie geht. Um sie fest zu halten und dauerhaft zu etablieren, ist Geschick und Weitsicht erforderlich. Wenn das der Fall ist, dann sind kurzfristig sogar Margen wie die „ackermannschen 25%" möglich. Diese sollen hier quasi als Platzhalter dienen, um die für jede Branche und Handelsstufe unterschiedliche Premiummarge zu benennen. Natürlich hat jede Branche ihre typische Handelsspanne in den jeweiligen Handelsstufen Produktion, Import, Export, Großhandel oder Einzelhandel. Jeder Unternehmer weiß, was er unter normalen Umständen für Margen mit seinem Produkt erzielen kann und ab welchem Preis ein zusätzlicher Ertrag, eine Prämie auf diese Basismarge bedeutet. Jedem Kaufmann muss klar sein, dass diese Prämie an zeitlich und räumlich begrenzte Konditionen gebunden ist. Die sollte man kennen, sonst ist das Reh wieder weg, bevor man erkannt hat, dass es ein Reh ist. Wer aber im Gegenzug behauptet, dass er dauerhaft derartige Margen erzielen kann, sollte in der Lage sein, die Konditionen dafür zu definieren. Viel mehr noch sollte er in der Lage sein, seinen Aktionären, den Gesellschaftern und dem geneigten Publikum zu erklären, wie er diese Konditionen aufrecht erhält, damit der Ausnahmezustand zur Periode oder gar zur Regel wird. Wer das nicht kann, sollte es lieber lassen und sich auf die Verteidigung und Sicherung der branchenüblichen Erträge konzentrieren. Das ist schon schwer genug. Luftschlösser zu bauen, ist leicht. Einstürzen tun sie meistens von alleine.

Der BANK-CODE

10 „wann 25% Rendite doch geht"
...aber nicht dauerhaft

So ist das tägliche Geschäft eines Unternehmens gleich welcher Branche ein steter Kampf um die innere und äußere Position. Da haben es kleine und große Unternehmer nicht leicht. Mit ruhigem Fahrwasser hatte Unternehmertum noch nie, heute erst recht, nichts zu tun. Die Erhöhung der Chancen, aber auch der Risiken in einer globalisierten Welt sind wie ein Haifischbecken. Wer darin schwimmt, braucht hohe Beschleunigungswerte, ein gutes Gebiss und noch bessere Angriffs- und Verteidigungsstrategien, um in der Umwelt, seinem Markt, auskömmlich gesättigt zu überleben. Früher gab es auch nur Sonntags einen Braten. So ähnlich verhält es sich mit den 25%, der Premiummarge. Wenn man sie Sonntags kriegen kann, soll man sich freuen. Montags ist dann wieder Suppe auf dem Teller in Form der branchenüblichen Erträge. Oder anders: wir sollten uns doch gelegentlich an die Zeit vor der weltweiten Verfügbarkeit der Soyabohnen, des Zusatzproteins für das Kraftfutter unserer Kühe, erinnern. Wenn nicht u.a. die CBT und die HSH mit der Deutsche Bank für den reibungslosen Ablauf in der Produktion, dem Transport der Soyabohnen und deren Finanzierung sorgen, wird es hier nicht eng, aber sehr überschaubar auf dem heimischen Sonntagsteller.

Dann fehlt nämlich unsere liebgewonnene private kleine Prämie, die private Zusatzmarge, der Rinderbraten, der Broiler oder der Burger. Alles, aber alles in Maßen muss die Devise heißen. Unser bester Freund, der Bänker, sagt das jeden Tag seinem Kunden, dem kleinen Unternehmer, nur für sich selbst scheint das nicht zu gelten. Aber keine Angst, wir wissen ja warum: er ist nicht wirklich ein richtiger Kaufmann. Wenn zukünftig der nächste Ackermann von 25% Rendite spricht, sollten wir aber hellhörig werden.

Der BANK-CODE

10   „wann 25% Rendite doch geht"
...aber nicht dauerhaft

Dann stimmt etwas nicht, und wir sollten ihn darauf hinweisen, dass uns Verbrauchern nicht noch einmal, wie bei der letzten Finanzkrise, der Dienstagsbraten im Halse stecken bleiben soll. 10% sind nämlich auch eine schöne Zahl.
Und meistens gesünder.

Kloppo würde sagen: „Bittere Niederlage ... gefühlt!"
Nina würde sagen: „Bitterer Nachgeschmack...isso!"

11 „von wenigen Goliaths und den vielen kleinen Davids ...oder vom Golfclub und seinem Greenkeeper

Von der Deutschland AG haben wir schon gehört. Die ist ungefähr so, wie ein „Golfclub" zu dem nur Zutritt hat, wer die üppigen Clubanteile und die hohe Jahresgebühr als Eintritt bezahlen kann. Dann läuft man gemeinsam, und doch alleine, vom Abschlag zum Grün; zwischendurch spielt der eine ins Aus und sucht den Ball; der andere schlägt die *Divots* (Grassoden) raus und kommt nicht weit; der nächste wechselt unbemerkt den Ball der im *Rough* (hohes Gras) verloren ging; wieder einer berührt beim Bunkerschlag heimlich, aber unerlaubt den Boden; und der letzte markiert die Annäherung auf dem Grün zu seinen Gunsten. Zusammen überholt der Flight dann noch mit souveränem Lächeln und manchmal mit dem Messer in der Tasche den gegnerischen Trödelflight. Zwischendurch halten sich alle gegenseitig die Etikette und die Regeln vor, um sie sogleich selber möglichst oft zum eigenen Vorteil zu brechen. Am Ende sitzen alle auf der Terrasse vorm Clubhaus und prosten sich unter Hinweis auf die eigenen *Birdies* bei gleichzeitigem Verschweigen der *Boogies* zu. Dabei wird trefflich über Dritte geurteilt und argwöhnisch zum Parkplatz geschielt, ob sich ein Nichtmitglied unzulässig nähert. So, oder ähnlich funktioniert die *Deutschland AG*.

Ein Flight der *Deutschland AG* ist wie ein Oligopol unter großen Jungs. Alle sind sich ziemlich ähnlich, man kennt sich, manchmal schon aus dem Sandkasten auf dem Kinderspielplatz. Man mag sich, aber tritt sich ständig in die Wade, wenn keiner hinguckt. Es wird untereinander gerauft, aber gemeinsam die Nachbarclique geschlagen. Am Ende des Tages rufen die Mütter aus dem Küchenfenster „Reinkommen, Abendessen!" Am nächsten Tag geht es weiter. Hauptsache, die Etikette stimmt und man ist unter sich.

Der BANK-CODE

11   „von wenigen Goliaths und den vielen kleinen Davids
       ...oder vom Golfclub und seinem Greenkeeper

Dass so der Mythos der Geschäfte und Absprachen im Sandkasten oder später auf dem Golfplatz entstanden ist, ist nicht schwer zu erraten.
„Noch Fragen? - Keine! - Danke, der Zeuge gehört Ihnen....!"

Der Leser ahnt, worum es sich handelt. Einen elitären Kreis, dem nicht nur nicht alle, sondern nur wenige angehören. Wenige Große und bestimmt keine kleinen Unternehmer. Hier spricht man sich ab und schmiedet Pläne. Kleine oder Mittelständler stören da nur.

In Deutschland sind es aber gerade diese, die das Gros der Unternehmen ausmachen. Sie sind die 80%, die Substanz, die Basis. Sie sind die, die die meisten Arbeitsplätze schaffen und für den langfristigen Wohlstand der Gesellschaft sorgen. Sie sind die, die die meisten Jugendlichen ausbilden, im dualen System. Sie sind die, um die uns die ganze Welt beneidet. Zu Recht ! Der deutsche Mittelstand ist ein Unikum in der Welt, der in der Form und Leistungskraft erst noch erfunden werden müsste, wenn er das nicht schon selber längst getan hätte. Sie sind die, ohne die der „Golfclub" nicht existieren könnte. Sie sind gewissermaßen der Greenkeeper, ohne den die Herren des Deutschland-Flights ihre Bälle hoffnungslos in die Wallachei des meterhohen *Roughs* schlagen würden, ohne Aussicht diese je wieder zu finden. Sie sind der David, ohne den der Goliath in der weltweit schweren See schon bei kabbeligem Wasser untergehen würde.
Kurz: ohne die vielen Davids gäbe es keine Goliaths.
Das Problem ist aber trotzdem folgendes:
Alle wissen, dass es so oder ähnlich ist ohne etwas dagegen zu tun.

Der BANK-CODE

11   „von wenigen Goliaths und den vielen kleinen Davids
...oder vom Golfclub und seinem Greenkeeper

Aber es wird weder so richtig wahrgenommen, noch wird darüber häufig gesprochen. Außer in Sonntagsreden, oder auf Mittelstands-Seminaren der Banken. Sobald man das Manuskript beiseite legt, ist es mit den guten Vorsätzen schon wieder vorbei. Da sind sich Politiker und Bänker ziemlich ähnlich. Wenn dann der Goliath den Politiker auch noch auf der Clubterrasse zu einem Gläschen einlädt, ist ohnehin alles zu spät. Der David kommt dann gar nicht mehr vor, außer wenn er, als Greenkeeper, abends den Rasen sprengt; also wässert natürlich. Sozusagen als Statist, der den Großen bei der Steuerung der Welt zusehen, aber nicht stören darf.

Auffallen tut der David nur, wenn es ihm gelingt, gezielt, aus Versehen oder zufällig, über seinen Tellerrand hinaus zu spucken und eine neuartige Nischenfunktion zu präsentieren. Dann kommt der Politiker, gesponsert vom Goliath, und überreicht Wissenschafts- oder Wirtschaftspreise. Wenn der Politiker nur alleine kommt, dann das Bundesverdienstkreuz.

Alle klatschen Beifall, und eine Zeit lang sind alle stolz auf den innovativen Mittelstand und die tollen deutschen Kleinunternehmen. Die Halbwertzeit solcher Huldigungen strebt gegen den Sonnenuntergang. So oder ähnlich geht es dem David nämlich, wenn er mit den Goliaths oder der Politik zu tun hat. Das ist insbesondere dann so, wenn er seine mühsam erkämpfte neue „Beinfreiheit" dazu nutzt, um in den Infight mit der Bank hinsichtlich neuer Kredite, oder der Behörde hinsichtlich neuer Fördergelder zu gehen. Das mit den Fördergeldern ist dann meistens so. Wer die größte und erfahrenste Abteilung zur Beantragung von Fördergeldern hat, der gewinnt.

Der BANK-CODE

11 „von wenigen Goliaths und den vielen kleinen Davids
...oder vom Golfclub und seinem Greenkeeper

Da geht es schon los, der Mittelstand hat in der Regel weder eine Abteilung, noch Erfahrung, sondern meistens nur einen Geschäftsführer, der ohnehin schon Mädchen für alles ist. Insbesondere für die Behörden, weil die ihm in den letzten 20 Jahren so gut wie alles aufgebürdet haben, was sie früher selber gemacht haben. Dafür darf er aber nun auch die Gebühren bezahlen, die es früher auch nicht gab. Schönes Arbeiten. Wer dann die Fördergelder überwiegend abgreift ist, nicht schwer zu erraten. Genau ! Goliath. Aber das ist noch nicht alles. Es kommt noch schlimmer. Wenn der David dann doch Fördergelder bekommen hat, die Investition, oder die Entwicklung läuft, und es an die Abrufung der Gelder geht, kann es sein, dass der Bescheid noch einmal kurzfristig von der Behörde im Nachhinein geändert wird. Nach dem Motto, der war nicht so gemeint und wir wollten doch nur spielen.
So geschehen in Bayern. Ein kleiner, aber weltweit führender Süßwarenhersteller hatte Förderzusagen für den Ausbau seines Standortes in Höhe von 650 T€, die üblichen ca. 40% der gesamten Investition, mit der Bedingung, eine bestimmte Anzahl Arbeitsplätze zu schaffen und über mindestens einen bestimmten Zeitraum zu halten. Gesagt, getan. Der Bau war nahezu fertig, die Einweihung fand statt und alle Gewerker, Kunden, Lieferanten und die örtliche Politik waren zugegen, um das freudige Ereignis zu feiern. Alles war vorfinanziert mit Zwischenkrediten und nahezu bezahlt durch den Unternehmer. Das Fördergeld sollte nun nach Auszahlung seinen vorgesehenen Teil der Finanzierung ablösen inzwischen nahezu schuldenfrei. Einen Tag nach der Einweihungsfeier kam ein neuer Bescheid, der den ursprünglich per Bescheid zugesagten Förderbetrag von 650 T€ auf nur noch 150 T€ reduzierte. Begründung:

Der BANK-CODE

11 „von wenigen Goliaths und den vielen kleinen Davids
...oder vom Golfclub und seinem Greenkeeper

Höhere Inanspruchnahme der Haushaltsmittel in Folge der Finanzkrise mit folgend notwendiger Proratierung aller Ausgaben unter Verweis auf das Kleingedruckte. Somit hatte der Unternehmer von heute auf morgen eine Finanzierungslücke von lediglich 500 T€ ohne Deckung. Da waren die Würstchen und das Bier auf der Feier von den Politikern schon verdaut. Gesagt hat aber keiner etwas, obwohl der Bescheid zum Zeitpunkt des Verzehrs schon in der Post gewesen sein musste. Wir fragen uns, ob das dem Goliath genauso passiert wäre.

Falsche Frage. Der Goliath, war der, der das Desaster auslöste. Die Bayerische Landesbank mit ihrer Tochter Hypo-Alpe-Adria musste damals eilig von ihren glorreichen Aufsichtsratmitgliedern aus der Politik und der Deutschland-AG gerettet werden. Da war natürlich nichts mehr für bestehende Verpflichtungen für die vielen Davids übrig.

Merke: ein behördlicher Bescheid ist immer nur eine einseitige Verpflichtungserklärung. Nämlich der des Antragstellers zu tun, was man ihm sagt, ohne dass er sicher sein kann, die behördliche Leistung dafür zu bekommen. Der Süßwaren-hersteller aus Bayern kämpfte wie ein Löwe, besser wie ein Samurai, und bekam schließlich doch noch 340 T€ und finanzierte die etwas kleinere Lücke von immer noch schlappen 310 T€ durch die Hausbank. Aber zu schlechteren Zinsen, weil sein Bänker ja nur noch verteilen statt verkaufen musste. Dumm gelaufen. Dennoch ist er heute Weltmarktführer und nun wird plötzlich sein netter Bänker von Tag zu Tag noch netter und sieht seine Felle, auch außerhalb des bayerischen Hochwassers, davon schwimmen.

Der BANK-CODE

11 „von wenigen Goliaths und den vielen kleinen Davids
...oder vom Golfclub und seinem Greenkeeper

Kloppo würde sagen: „Gerechtes Ergebnis...gefühlt !"
Nina würde sagen: „Schwimmen find ich gut...isso !"

So kann es gehen im Segment der mittelgroßen Förderleistungen. Es gibt aber auch kleine Förderleistungen, die enorm wichtig sein können, die der Staat aber, ob der Größe, nur ungern, weil lästig, ausreicht.

Da fällt uns sofort Herr Schneider wieder ein. Nina würde sagen: „Kleiner Scherz Papa!" Der Staat hat bis vor 3 Jahren die Anmeldung von Patenten bis zu 100% gefördert. Das klingt gut, weil wir ja ein Land der Ideen sind bzw. sein sollen. Dazu sind Patente doch hilfreich und gerade kleine Unternehmen haben nicht immer gleich 10.000 € oder 50.000 € für ein deutsches oder ein Europapatent so verfügbar, dass es leicht ausgegeben wird. Dennoch wird diese Maßnahme der Person oder dem Unternehmen natürlich nur alle 5 Jahre gewährt. Auch in Ordnung. Nun hat sich unser damaliger Herr Wirtschaftsminister Brüderle eine Hintertür geöffnet, um diese lästigen Kleinanträge etwas einzudämmen und die Beamten mit Wichtigerem zu betrauen. Und das ging so.

Früher waren es, wie gesagt, 100% bis zu maximal 8000€ auf eine Antragslaufzeit von 24 Monaten. Danach wurden es plötzlich 50% bis zu einer Maximalsumme von 8000€ für eine Antragslaufzeit von 18 Monaten. Der Bescheid kam aber immer zunächst für nur maximal 5000€ und konnte, wenn nötig auf die 8000€ aufgestockt werden. Angesichts der weltweiten Finanzkrise eine hehre Leistung. Soweit, so einigermaßen gut. Nun weiß aber der Kenner, dass es in Deutschland selten, eher nie, ein Patent gibt, dass in 18 Monaten erteilt wird.

Der BANK-CODE

11 „von wenigen Goliaths und den vielen kleinen Davids
...oder vom Golfclub und seinem Greenkeeper

Schon gar nicht ein Patent des kleinen Unternehmers oder des Mittelstands. Der hat ja auch keine Lobby die beschleunigend wirkt. In der Regel dauert die Erteilung mindestens 2 Jahre oder länger. Da man aber das Geld erst nach Belegeinreichung und Zahlung von der Förderstelle wieder erstattet bekommt, ist klar, was damit erreicht wurde. Es kann nur eingereicht werden, was bis zum Erreichen der Förderfrist abgewickelt wurde. Mit der Folge, dass häufig weder die 5000€ und schon gar nicht die offiziell gewährten 8000€ Fördersummen erreicht werden.

In der Praxis führt das dazu, dass Herr Brüderle mit einer großzügigen 50% Förderung politische Werbung macht, die tatsächlich aber kaum über 25% hinaus kommt. Die Handelskammern, die in der Abwicklung als Vermittler beteiligt sind, wissen das und weisen auf diese Mängel hin. Sie leiden aber mit dem Mittelstand, ohne wirklich etwas tun zu können. Man ist froh, dass es überhaupt etwas gibt.

Der David fügt sich, und den Goliath betrifft es ohnehin kaum. Folge des Ganzen: die eingereichten Patente, insbesondere aus dem Mittelstand, werden immer weniger. Worüber Herr Brüderle als Mitverursacher gerne trefflich klagt, um bei der Kanzlerin die Bildungsoffensive einzufordern. Dabei sind die Ideen da, werden aber stillschweigend andere Wege gehen.

So ähnlich wie die bei uns gut ausgebildete Krankenschwester lieber nach Norwegen geht für das doppelte Geld bei halber Arbeitszeit. Ankündigen tut die Krankenschwester ihr Weggehen so wenig, wie der Patenteinreicher den Verkauf des Patents / des Know-how nach China. Weg ist aber in beiden Fällen weg !

Der BANK-CODE

11 „von wenigen Goliaths und den vielen kleinen Davids
...oder vom Golfclub und seinem Greenkeeper

Es herrscht eine Zwei-Klassen-Gesellschaft zwischen der Deutschland AG und dem Mittelstand. Der Golfer weiß, dass er den Greenkeeper braucht. Er zeigt es ihm aber nicht, weil er die Etikettenleiter heruntersteigen müsste, um ihm die Hand zu reichen. Das hat er nicht wirklich nötig, denkt er. Deshalb muss es genügen, wenn der Keeper bei der Übergabe der Preise am Schluss des Turniers wohlwollend genannt wird. Zum Championsdinner ist man dann aber gerne wieder im Clubhaus unter sich. Der Greenkeeper nimmt dann das Bier und die Stulle im Gartenhaus ein. Und Herr Brüderle sitzt natürlich auf der Terrasse des Clubhauses mit einem Schoppen in der Hand und nicht mit dem Keeper beim Bier in der Hütte. So schlicht kann die Welt sein.

Kloppo würde sagen:
„Mangelhaftes Kurzpassspiel ... gefühlt !"
Nina würde sagen:
„Schoppen ? ich kenn` nur shoppen .... isso !"

Alles, was bisher erläutert wurde, geschieht vor dem Hintergrund dessen, was uns alle bewegt. Ohne das wir im allgemeinen und im besonderen nicht auskommen. Was wir brauchen, hegen und pflegen. Das Blut der Wirtschaft, das Statussymbol, die Sicherheit, die Zukunft. Das Geld.

Der BANK-CODE

12 „deshalb ist der € so wichtig !"
...oder von der Inflation des kleinen Mannes.

Der €uro. Wir regen uns über die Politik auf, den Umrechnungskurs, die Schulden, die Zinsen, die bösen Südeuropäer, die das Geld verprassen, während wir sorgsam damit umgehen. Schön und gut. Am Ende des Tages gibt es aber nur eins, außerhalb aller Stammtischparolen, festzustellen.

Der €uro ist mit dem US$ die härteste und stabilste Welthandelswährung und wird es auch bleiben. Wir alle sollten etwas gelassener damit umgehen. Dass nicht mehr nur wir Deutschen es sind, die unsere Währung beeinflussen, sondern nun auch einige andere Länder, ist unvermeidlich. Dabei sollte sicher nicht unerwähnt bleiben, dass folgende Dinge damals sehr richtig gemacht wurden:

- Der €uro selber als logische Folge im Zuge der europäischen Einigung.
- Die Einführung des Stabilitätspakts auch, wenn wir ihn als erste selber gebrochen haben.
- Die Unabhängigkeit der europäischen Zentralbank und deren Sitz in Frankfurt.

Aber natürlich auch falsch oder zumindest mangelhaft waren:

- Die fehlende Einigung im europäischen Sozialwesen.
- Die zu großen Produktivitätsunterschiede bis zu den Falschdaten einzelner Länder vor Eintritt zum €uro.

Trotzdem gilt es schlicht festzustellen, dass der €uro 13 Jahre nach seiner Einführung gegenüber dem US$ 30% an Wert gewonnen hat und 60% über seinem niedrigsten Wert notiert.

Der BANK-CODE

12   „deshalb ist der € so wichtig !"
...oder von der Inflation des kleinen Mannes.

Wenn uns das jemand vor der Einführung gesagt hätte, wären die Politiker, und nicht nur die, mit stolz geschwellter Brust durch die Lande gelaufen. Und wir Deutschen vorne weg. Also mal langsam mit den jungen Pferden und der Kritik.

Noch mehr ist zu bewundern, mit welcher Weitsicht und Vision – auch ohne Arztbesuch – Kanzler Schmidt und Präsident Giscard schon als Finanzminister ihrer jeweiligen Regierungen Anfang der 70er Jahre die europäische Verrechnungseinheit und später den ECU als Vorläufer des noch späteren €uro erdacht und eingeführt haben. Welchen friedenspolitischen und wirtschaftsweisen Entschluss diese beiden, zusammen mit dem späteren Nato-Doppelbeschluss, dabei gegen apokalyptische Widerstände durchgesetzt haben, ist noch nicht einmal mit den Friedensnobelpreisen der nächsten 3 Jahre zu bezahlen. Ich warte seit mindestens 23 Jahren auf den Vorschlag der Herren für Oslo. Mehr Friedenspolitik kann man gar nicht machen, als Schmidt und Giscard damit erzielt haben. Aber gut. Richtig ist, dass die Wirkung dieser Politik für Europa eine Friedensperiode fortgesetzt und gesichert hat, die im Sinne und in Kontinuität von Adenauer und deGaulle unschätzbar wertvoll ist.

Von der Friedensdividende, die dadurch einen Jahrhunderte langen Erbkrieg zwischen Europäern endgültig befriedet hat, ganz abgesehen. Der €uro ist unsere tägliche Erinnerung daran und sollte es bleiben, damit die demokratische Einigung und Festigung durch alle Generationen getragen werden kann.

Wir nehmen den €uro nur als Währung wahr, aber dies zeigt, er ist weit mehr. Trotzdem soll er natürlich stabil sein und eine feste, immer konvertierbare Weltwährung.

Der BANK-CODE

12 „deshalb ist der € so wichtig !"
...oder von der Inflation des kleinen Mannes.

Ich erinnere an meine Anmerkungen zu der Deutschen Bank als weltweit tätige deutsche Großbank im Kreise der Global Player. Was wäre, wenn wir wir keine Großbank hätten und bei der Bank of America unsere Staatsschulden kaufen müssten? Gleiches gilt für unsere Währung! - Was wäre, wenn wir keinen starken €uro hätten und neben der DM riesige US$ Bestände bräuchten, um unsere Ölrechnung bei den Saudis zu bezahlen? So wie China heute!
Wenn die Amerikaner ihre Dollar wieder durch die Druckerpresse abwerten, wie sollen wir das beeinflussen?
Gar nicht! Wohin würde das führen? In die Abhängigkeit.

Wirtschaftliche und politische Abhängigkeit. Der €uro sichert uns und unserem vergrößerten Wirtschaftsraum EU zusätzliche Stabilität. Diese Tatsache geht gerne im täglichen Geschäft unter. Mit Grausen denke ich dabei heute noch an das dilettantische und amateurhafte Marketing unserer Politiker anlässlich der €uro-Einführung. Die Begründungen für den €uro lauteten an erster Stelle, die Menschen sparen Umrechnungsgebühren im Urlaub und die Wirtschaft bei Auslandsüberweisungen. Platter oder amateurhafter ging es kaum, denn das sind noch die geringsten Vorteile. Freier Warenverkehr mit einer Währung bricht Schranken und Hindernisse derart ein, dass die Produktivität europaweit in Prozentpunkten steigt. Insbesondere bei uns Deutschen, weil Europa 60% unserer Exporte ausmacht. Wenn man jährlich 1% Zusatzwachstum durch den €uro seit 2001 annimmt, und dabei 1% jeweils 500.000 Arbeitsplätze sichert oder schafft und 30 Milliarden BIP zusätzlich erzeugt, dann entspricht das in 13 Jahren mindestens 6,5 Mio Arbeitsplätzen und 400 Milliarden zusätzlichem BIP.

Der BANK-CODE

12 „deshalb ist der € so wichtig !"
...oder von der Inflation des kleinen Mannes.

Es kommt also nicht von ungefähr, wenn wir heute die höchsten Arbeitnehmerzahlen haben, sondern u.a. vom €uro. Die anteiligen Steuermehreinnahmen für den Staatshaushalt können seit dem mit circa 100 Mrd angesetzt werden. Die Lohn- Einkommenssteuern aus der Arbeit der zusätzlichen 6,5 Mio. Beschäftigten ergeben bei einem Durchschnittslohn von 2500€/Mo brutto die gigantische Summe von interpoliert mindestens 200 Milliarden €uro seit 2001. Diese Zahlen erheben keinen Anspruch auf finale Richtigkeit, aber sie machen deutlich, dass wir so ungefähr von 300 Milliarden Zusatzertrag alleine für den Staat seit Einführung des €uro reden. Die Umsatzsteuer und die Zahlungen in die Sozialkassen machen wahrscheinlich noch einmal den gleichen Betrag aus. Wenn wir also heute von einem europäischen Rettungsschirm in Höhe von 213 Mrd. € des deutschen Anteils an den gesamten ca. 700 Mrd. € reden und davon angeblich gerade einmal 20-30% oder 40-80 Mrd. effektiv ausgezahlt wurden, mit historisch niedrigen 1% EZB-Zinsen, während der Rest von 70-80% nur Garantien sind, die wahrscheinlich nie in Anspruch genommen werden müssen, dann lässt sich unser Anteil an der Griechenlandhilfe etc. nur mit den Worten des Herrn Kopper, nämlich „Peanuts", bezeichnen. Unabhängig wie nun die tatsächlichen Summen in der Realität gegenüber den hier beschriebenen Zahlen aussehen, so ist insgesamt wohl von einer halben Billion € auszugehen, die wir seit 2001 zusätzlich durch den €uro erwirtschaftet haben. Die sogenannten €uro-Kritiker argumentieren also wider besseres Wissen, oder nur zur Verunsicherung der Bevölkerung, oder sie reden gelegentlich nur wie der Blinde von der Farbe. Ich will die europäische Wirtschaftskrise dieser Tage nicht kleinreden, aber sie ist weder eine €uro-Krise, noch ist sie unlösbar.

Der BANK-CODE

12   „deshalb ist der € so wichtig !"
         ...oder von der Inflation des kleinen Mannes.

Und unsere Regierung hat das bisher ganz offensichtlich gut gemacht. Jedenfalls möchte ich den sehen, der es wesentlich besser oder auch nur anders gemacht hätte angesichts der Notwendigkeiten. Das Gerede über mehr oder weniger Wirtschaftsförderung und Konjunkturpolitik beschränkt sich auf nur wenige % abweichender Links- oder Rechtssteuerung. Der Generalkurs bleibt dabei immer der Gleiche. Alles andere ist politisches Wahlkampfgeplänkel, das wir nicht ernst nehmen sollten. Das tut die Oposition auch nicht und hat es sicher auch Herrn Hollande aus Frankreich schon so beigebracht. Es wird eben nichts so heiß gegessen, wie es gekocht wird.

Kloppo würde sagen: „Gequirlter Mist...gefühlt !"
Nina würde sagen: „Mag ich nicht .... isso !"

Es bleibt die Notwendigkeit einer stabilen Welthandelswährung. Dabei ist der €uro dem US$ schon beachtlich nahe gekommen. Immerhin schichtet China seine Devisenreserven immer häufiger auch in €uro um. Das ist ein Qualitätsbeweis. Und wenn es in einer globalisierten Welt um die Verteilung der Werte geht, ist es sicher richtig, dass da einiges schief läuft zwischen Arm und Reich. Viele Nachjustierungen sind erforderlich. Steuergerechtigkeit, Lohnhöhen, Arbeitsqualität, Sozialwesen, Gleichberechtigung, Gesundheitsversorgung usw. Über einiges wurde ja schon berichtet. Die Bänker und ihr wenig kontrolliertes Unwesen. All das muss geregelt werden. Mit Beharrlichkeit und Konsequenz. Es darf aber nie die Gesellschaft zerreißen. Weder die Reichen verschrecken noch die Ärmeren zurück lassen. Gegenseitiges Vertrauen ist wichtig und nötig. Die Politik muss das leisten, ohne immer mit dem Finger auf die anderen zu zeigen. Wichtig ist eins für uns alle.

Der BANK-CODE

12   „deshalb ist der € so wichtig !"
...oder von der Inflation des kleinen Mannes.

Die Stabilität des €uro in der Weltwirtschaft.

Inflation beraubt zuerst die unteren und dann die mittleren Gesellschaftsschichten ihrer Existenz. Was das in Europa heißen würde, muss uns klar sein. Bürgerkrieg und Anarchie. Wie schnell so etwas, lange gärend, wieder aufbricht, haben wir vor 20 Jahren in Jugoslawien gesehen. In dieser Hinsicht müssen wir vorsichtig sein. Es wachsen Generationen heran, die zwar global sozialisiert wurden, was gut ist, aber Krieg und echten Mangel nie auch nur ansatzweise erfahren haben. Denken wir daran. Erfahrung kann man nicht oder nur sehr schwer lehren. Man muss sie machen. Unter anderem deshalb wurden in den Jahrhunderten in Europa immer wieder die gleichen Fehler gemacht. Wir müssen dafür sorgen, dass die kommenden Generationen, ohne es selbst erlebt zu haben, diesen Wert, den Frieden, an erster Stelle schätzen und bewahren. Unser Bundespräsident scheint manchmal etwas belächelt und altmodisch zu wirken, wenn er von Freiheit redet. Ist er nicht. Der Mann ist hoch aktuell. Gerade jetzt. Die NSA zeigt es uns.

Denken wir an Helmut Schmidt 1982.
Wie recht hatte er damals?
Und wie wenig haben wir das erkannt? Um so mehr heute.
Sekundärtugendhaft hat ihn einer genannt, der heute noch polemisierend durch die Lande läuft und die Leute verunsichert. Freiheit ist die Nummer 1 und bleibt sie auch.
Sicherheit ist die Nummer 2. Auch die bleibt. 2A ist die körperliche Sicherheit, das macht die Bundeswehr und die Nato. 2B ist die wirtschaftliche Sicherheit. Das macht der €uro.
Unser €uro !

Der BANK-CODE

12   „deshalb ist der € so wichtig !"
...oder von der Inflation des kleinen Mannes.

Wir stellen uns vor, was die Chinesen sagen und mehr noch denken würden, wenn wir Europäer zwar die Einheit und Union aber keinen €uro wollten? Was würden die Chinesen denken, wenn wir den €uro wieder abschaffen? Die würden uns nie wieder ernst nehmen, ja auslachen. Und bei der nächsten Gelegenheit erst recht versuchen, uns über den Tisch zu ziehen, weil sie sehen, dass wir noch nicht einmal Achtung vor uns selber hätten. Warum also sie?
Was das bedeutet, ist unschwer zu erkennen. Sie beschubsen uns um noch mehr Patente und nehmen uns die Märkte weg. Über Menschenrechte schmunzeln sie dann erst recht nur noch. Wir geraten wirtschaftlich und noch mehr politisch ins Hintertreffen. Mit allen weltpolitischen Konsequenzen.
Das schwächt das Wachstum oder fördert die Rezession. Arbeitslosigkeit, Schulden und Inflation wären die Folge. Soziale Verwerfungen dazu. Es gibt 3 Blöcke. Heute und in Zukunft. USA, China, Europa. In der Reihenfolge. Wer da den Anschluss verliert, erlebt auf lange Frist eine Zeitenwende, die alle trifft, als hätten wir Krieg. Wirtschaftskrieg, wenn es günstig ausgeht. Einen heißen Krieg, wenn es schlecht ausgeht. Dazu die Nord-Süd-Wanderung. Als armes Europa hätten wir noch weniger Möglichkeiten, die Ströme in ruhige Bahnen zu lenken. Kulturkampf ist die Folge. Einen Stacheldraht durch das Mittelmeer, wie die Amerikaner eine Mauer durch die mexikanische Wüste bauen? Wollen wir das? Sicher nicht. Das schürt Ängste und Widerstände. Wir müssen als starkes Europa Hilfe zur Selbsthilfe auch in diesen Ländern leisten. Vor Ort müssen die Verhältnisse verbessert werden und nicht in der Libyschen Wüste oder auf Lampedusa oder Malta. Das wäre doktern an den Symptomen und keine Heilung des Übels. Ohne starken €uro geht all das nicht.

Der BANK-CODE

12   „deshalb ist der € so wichtig !"
...oder von der Inflation des kleinen Mannes.

Der €uro ist also so notwendig wie der Ball zum Fussball spielen. Ohne ihn kicken wir in der zweiten Liga mit Aussicht auf die Abstiegsplätze.

Kloppo würde sagen: „Saisonziel verfehlt … gefühlt !"
Nina würde sagen: „Sitzen bleiben ist Mist...isso Papa !"

Lassen wir uns also nicht von all diesen Untergangs-szenaristen verblenden. Der €uro ist gut und wir brauchen ihn.

Mit oder ohne Griechen. Lieber mit, denn in der Ägäis schlummern riesige Gasvorkommen, die am liebsten wir Europäer heben sollten, damit die Griechen ihre Schulden nicht nur leichter, sondern auch schneller und gerne zurückzahlen. Wer hat dafür die beste Technik außerhalb der USA? Wir Deutschen. Und wer wartet schon darauf mit seiner Technik und seinem US$ den Griechen das Gas zu heben?
Die USA. Nur mit den Griechen in der EU und mit dem €uro verhindern wir das. Also Mut zur Lücke. Die paar €uro Griechenlandhilfe verdienen wir uns schon wieder zurück. Wäre doch gelacht. Ohne Investitionen in Krisenzeiten kann nichts Neues und Besseres an anderer Stelle entstehen. Das sagte schon Keynes. Denken wir daran.Immer schön die Funktion erhalten und flexibel bleiben. Das gilt für kleine Kaufleute so wie für verteilende Nichtkaufleute, aber auch für ganze Staaten. Wie es nicht geht, haben wir ja nun in den letzten Jahren in Südeuropa erlebt. Mit dem €uro schaffen wir es. Ohne €uro haben wir einen bittersüßen aber kurzfristigen Scheinerfolg. Die Leistungsbilanz der Bundesrepublik ist das Einzige, was tatsächlich Sorge machen muss. Im Moment gleichen wir den Saldo der schwachen Südländer aus.

Der BANK-CODE

12 „deshalb ist der € so wichtig !"
...oder von der Inflation des kleinen Mannes.

Aber wenn der €uro fällt, wird es dort zwar besser, aber bei uns viel schlimmer. Die DM würde so stark werden und die Exporte insbesondere in die EU-Länder derart einbrechen, dass wir in Kürze wieder mit sehr viel höherer Arbeitslosigkeit und Rezession zu rechnen hätten. Inflation wäre die Folge. Die Ersparnisse der Menschen würden dahinschmelzen und der Staat würde in Schulden ertrinken ohne kurz oder mittelfristige Aussicht auf Besserung. Das wäre der bittere Schaden und ein Desaster für die Gesellschaft. So ganz nebenbei wäre das Vertrauen in Politik und Wirtschaft stark angeschlagen. Soziale Verwerfungen die Folge. Keiner will das, und so sollten wir den €uro stärken und gemeinsam durch dieses Tal gehen.
Ein großes Stück des Weges haben wir ja schon geschafft.
Weiter so mit dem €uro.

Kloppo würde sagen: „ Halbzeit...gefühlt !"
Nina würde sagen:
„Ich bin 17, mit 30 ist man alt .... isso Papa !"
Genau Nina, und ab 50 erst....

13 „von den vielen kleinen Ackermännern"
...in uns selbst !

Wo ist der Rote Faden dieses Buches? Die Gier nach Geld und Anerkennung, die die Menschen die bisher gemachte Erfahrung und das Risiko zu Gunsten des Scheinerfolgs vergessen lässt. Der Verstand und die Erfahrung, die zusammen mit dem sogenannten gesunden Menschenverstand normalerweise in ein besonnenes Verhalten mündet, setzten aus. Die Leute tun Dinge, die sie sonst nie machen würden, weil der Nachbar es auch macht oder die Medien uns vorgaukeln, man müsse es tun. So fängt der eine in der Kette an und der letzte macht mit. Es entsteht eine Gemengelage, die alle in eine Schaukel aus Zwängen immer weiter von der Realität entfernt. Irgendwann kann keiner mehr so einfach aus diesen Zwängen heraus, weil er glaubt, damit zu viel zu verlieren. Nicht nur Geld, sondern auch sein Gesicht. Am Ende ist der Punkt erreicht, an dem der Ausstieg ohne Totalverlust nicht mehr möglich ist. Trotz der alten Kaufmanns-Weisheit: „Der erste Verlust ist der Beste!" Mut zum Ausstieg aus der Position, wenn man schief liegt und das Ruder sogar um 180° herum reißen muss. Das ist schwer. Das ist nicht nur eine wirtschaftliche Niederlage, auch und besonders eine persönliche. Um so größer ist die Hürde, bis es zu spät ist und keine andere Option mehr möglich ist. Spätestens ab da ist das ganze System unkontrollierbar, weil der Herdentrieb jederzeit in irgend eine Richtung zur Panik werden kann. Diese Szenarien kennen wir und es hat sie schon öfter in der Geschichte im kleinen wie im großen gegeben. Zuletzt bei den Lehmännern. So weit nicht neu. Was in den letzten 20 Jahren aber neu dazu gekommen ist, ist die Informationsflut über das Internet. So positiv es sein kann, wenn wir informiert sind, so fatal kann es sein, wenn wir durch falsche, halbwahre oder nur unvollständige Informationen zu scheinbar notwendigen Entscheidungen getrieben werden,

13   „von den vielen kleinen Ackermännern"
...in uns selbst !

die wir hinterher bereuen, oder bei nüchterner Betrachtung ganz anders entschieden hätten.

So positiv der arabische „Twitter-Frühling" war, so schaurig muss uns werden, wenn irgendjemand z.b. die graue Masse der Anleger wie eine Herde in die falsche Richtung scheucht. Vor so einem Szenario hatten Frau Merkel und Herr Steinbrück an jenem Sonntag im Oktober 2008 Angst, als sie sich gemeinsam zur Tagesschau vor die Kamera stellten und alle Spareinlagen und Guthaben in Deutschland als sicher erklärten.entgegen aller Gesetze und Regularien stellten sie einen Garantieschein für Otto-Normal-Verbraucher aus, den es so eigentlich nie geben konnte. Er hätte mindestens parlamentarischer Prüfung und Absegnung bedurft. Allein das konnte niemand an einem Wochenende gewährleisten. Deshalb war die Ansage gut und richtig. Denn was war ihr Zweck ? Das Vertrauen zurückzubringen, das die Bänker gerade verspielt hatten.

Und schon sind wir wieder bei Herrn Ackermann und seinen 25% und allen, die ihm wie eine Herde folgten. Noch einmal, Herr Ackermann ist natürlich nicht der Auslöser, der Schuldige. Er steht als Galionsfigur beispielhaft in der ersten Reihe derer, die bei aller Erfahrung und gesundem Verstand, geblendet waren von der Goldgräberstimmung der Lehmänner und den anderen Investmentprodukten, die sie so gewinnbringend unter die Anleger streuen konnten. Und was die Leitfigur vorgibt, wird von seinesgleichen nach gemacht und als Mantra vor sich hergetragen. Aber wo kommt diese Verhaltensweise her ? Einer sagt etwas und alle machen mit ! Der Mensch ist in der Regel entscheidungsschwach.

Der BANK-CODE

13   „von den vielen kleinen Ackermännern"
...in uns selbst !

Er wägt ab und will sich nicht festlegen. Er braucht Vorbilder, an denen er sich ausrichten kann. Ich kenne das aus meiner Tätigkeit. Wenn Sie als Kaufmann dem Kunden ein neues Produkt anbieten und alle guten Eigenschaften sind offensichtlich. Die Vorteile gegenüber Konkurrenzprodukten sind erheblich und sogar der Preis ist besser.
Welche Frage kommt dennoch immer?
Wer setzt das Produkt schon ein?
Obwohl jeder Kunde den Vorteil, wir denken an die Funktion, vor der Konkurrenz sucht. Obwohl er die Vorteile sieht und nicht abstreitet. Er will zwar der beste sein, aber nie der erste. Warum ? Obwohl der Vorsprung lockt, es könnte ja sein, dass er der erste, aber einzige ist, der mit etwas „Neuem" Schiffbruch erleidet und am Ende ins Hintertreffen zur Konkurrenz gerät. Er will erster sein, aber irgendwie doch nicht. Zweiter ist auch nicht wirklich gut. Hinzu kommt die Angst des Einkäufers, Fehler zu machen und seine Position im Unternehmen zu schwächen. So sind viele gute Produkte quasi mit Blei beschwert, obwohl man ihnen damit Unrecht tut. Im Gegenzug ist derselbe Einkäufer ganz schlank, wenn es um seinen persönlichen Einkauf im Internet oder im Urlaub geht. Da wird die „Louis Vitton"-Tasche in der Türkei billig gekauft, obwohl er weiß, dass sie kopiert und häufig das Material nicht wert ist, aus dem sie besteht. Ober es werden Käufe getätigt, die offensichtlich sinnlos sind. Frustkäufe, Lustkäufe und ähnliches mehr. Wir kennen sie alle. Komisch, auf der Autobahn fährt nicht nur der Porschefahrer gerne und dafür bedenkenlos links mit der Lichthupe. In der Firma aber zögert er, wenn die Überholspur lockt. In jedem Fall scheint die Psychologie oder die Emotion bei Kaufentscheidungen sehr viel bedeutender zu sein, als wir alle zugeben wollen.

Der BANK-CODE

13   „von den vielen kleinen Ackermännern"
...in uns selbst !

Natürlich machen wir uns gerne vor, dass wir mit Verstand kaufen und rational entscheiden. Ein Freund sagte mal auf meine Frage nach seinen teuren Maßschuhen: „Ich kann mir billige Sachen nicht leisten". Da ist etwas Wahres dran. Dreimal billig kaufen kann sehr schnell teurer werden, als einmal Qualität. Im Grunde wissen wir das, aber wir handeln nicht danach. Ein Maßschuh kostet sicher 800€ und noch weit mehr. Aber er hält ein Leben lang und muss nur alle 2-3 Jahre neu besohlt werden. In den 30 Jahren kaufen wir uns sonst 10 mal Schuhe für 130€. Der Trick liegt in einer Grundvoraussetzung. Man muss sich beschränken können und nicht immer und zu jeder Zeit den Trends hinterher laufen. Das benötigt aber eine Grundsatzentscheidung. Und die muss man durchhalten und darf sie nicht nicht jährlich wieder korrigieren. Gar nicht einfach. Da ist es doch viel bequemer, wenn man zehnmal Schuhe kauft. Dann fällt es nicht auf, wenn davon zwei Entscheidungen eine Fehlentscheidung sind. Begründet wird alles mit den ständig wechselnden Trends. Stimmt und stimmt nicht.

Schuhe sind ein ganz schlechtes Beispiel. Mindestens für Frauen. Aber für Männer nicht. Es gib Modelle, die sind seit 50 Jahren im Trend und werden es auch noch weitere 50 Jahre sein. Es muss eben heißen, sich nicht zum „follower" aller Trends machen zu lassen.

Egal, wie man es dreht und wendet. Ob es der zögernde Einkäufer oder der mutige Spaßkäufer ist, man benötigt einen Standpunkt, eine Meinung, um eigene Handlungen und Entscheidungen vertreten und glaubhaft und standhaft begründen zu können. Schwieriger, als man denkt.

Der BANK-CODE

13   „von den vielen kleinen Ackermännern"
           ...in uns selbst !

Da kommen uns Kampagnen, wie „Geiz ist Geil" oder „Ich bin doch nicht blöd" sehr gelegen. Sie suggerieren, dass wir, wenn wir mitmachen, zu einer Gruppe gehören, die eine Meinung hat. „Geizig und nicht blöd!" Das klingt gut. Wir haben gelernt, dass Geld, unser lieber €uro, besser knapp sein sollte als reichlich. Weil er dann stabil und nicht weich ist. Knapp im allgemeinen heißt aber in der Regel auch für uns Normalkonsumenten knapp und nicht reichlich. Aber auch, wenn ausreichend Geld da ist, man will ja mindestens sparsam sein, und so sind diese Slogans für uns alle zugänglich. Auch wenn viele Verbraucher diese plakativen, maulheldenhaften Werbesprüche nicht mögen. Sie gehen trotzdem hin und kaufen dort den neuen Flachbildschirm. Kann ja auch nicht ganz falsch sein, denkt der Verbraucher und schleicht sich heimlich wieder aus dem Laden. Wer will dem sparsamen Leben widersprechen. Schnäppchen sind immer gut. Aber was steckt sonst dahinter?
Die Elektronikanbieter leben doch vom Umsatz.
Wenn wir jetzt Qualität zu günstigen Preisen kaufen, kommen wir doch erst in Jahren wieder. Denken wir. Die Hersteller wissen besser als wir, wann wir wieder einen neuen Fernseher brauchen. In 4 Jahren, weil er dann kaputt ist. So wie das „Leuchtmittel-Kartell" aus dem Anfang des letzten Jahrhunderts zwischen Osram, Phillips, GE u.a. Die Technik der Glühbirne war so weit fortgeschritten, dass die Dinger Jahre leuchten konnten. Zu lange für gute und steigende Umsätze. Deshalb beschloss man in einem Geheimkartell die Lebensdauer auf 1000 Stunden zu begrenzen, indem die Drähte verändert wurden. So hatte jeder einen auskömmlichen und regelmäßigen Umsatzzuwachs. Bis heute. So wird es wahrscheinlich mit allen Elektrogeräten gemacht. Es ist also eine Win-Win-Situation.

Der BANK-CODE

13 „von den vielen kleinen Ackermännern"
...in uns selbst !

Die Hersteller und die Händler haben wiederkehrenden Umsatz. Und wir Verbraucher haben kleinteilige Entscheidungen zu geringen Preisen. So können wir nichts, oder wenig falsch machen und uns immer neuen Trends anschließen. Technische Innovationen, die einen Neukauf irgendwann nötig machen, wollen wir bei dieser Betrachtung etwas beiseite lassen die erhöhen aber den Kauf- und Entscheidungsdruck zusätzlich. Hinzu kommt die extrem starke Kundenbindung heutzutage. Apple oder Nike, Adidas oder Ralph Lauren usw. machen uns abhängig und suggerieren Erfolg zu haben und im Trend zu liegen.
All dies ist, trotz Qualität, gerade das Gegenteil von unseren Maßschuhen. Dennoch machen wir mit und glauben, immer richtig zu entscheiden. Da alle das gleiche Denk-Konzept verfolgen gibt es natürlich auch wenige, die dem widersprechen.

Es ist eben bequem, sich mit dem Mainstream gen Sonne schaukeln zu lassen. Es nimmt Entscheidungen ab und stellt sicher, dass es auch andere gibt, die auf das gleiche Pferd gesetzt haben. So kann es nicht falsch sein. Und wenn es falsch ist, bin ich nicht alleine mit meinem Elend und stehe nicht ganz so blöd da. So denkt der Einkäufer und so denken wir alle. Mehr oder weniger.

Und so denkt auch Herr Ackermann, wenn er das Investmentbanking mit 25% Umsatzrendite zum Unternehmensziel erhebt und mit seinen Kollegen die Lehmänner erfindet. Und so denkt in der Folge der kleine Sparkassendirektor, wenn er seiner Landesbank die gleiche Vorgabe macht, um sie später selber zu kassieren.

13   „von den vielen kleinen Ackermännern"
...in uns selbst !

So hecheln alle dem Erfolg hinterher und beschäftigen sich mehr damit, eine scheinbar erklärende Absicherung ihrer Entscheidung zu finden, als mit der Abwägung von Risiken, die die Entscheidung gar nicht erst zustande hätten kommen lassen. Alle laufen blind der Herde hinterher und fragen sich selten auf dem Weg, ob da vorne nicht schon der Abgrund kommt. Dies ist sicher etwas vereinfacht und übertrieben dargestellt, aber die Mechanik dahinter ist wohl nicht so ganz falsch.

Hier noch eine wahre Begebenheit, die das Abweichen vom Mainstream ausnahmsweise belohnt hat. Nach meiner Ausbildung und dem Ergründen des Für und Wider der Soyabohne und des Zuckers, war ich Ende der achtziger Jahre in einem großen Hamburger Handelshaus im Konservenhandel tätig.

Die Handelsabteilung hatte sechs Händler, die immer zu zweit in einem Büro saßen. Ich saß mit Zingelmann, genannt Zingel, zusammen. Zingel war ein erfahrener Händler, der nicht nur den Markt, sondern auch die hausinternen Gepflogenheiten sehr genau kannte. Eines Tages, ich war gerade 6 Monate da, kam eine Anfrage aus England. Kartoffeln in Dosen. 60.000 Karton in 6 a 3kg. Flotte Anfrage, wo unsere typischen Mengen doch in der Regel so bei 500 oder 1000 vielleicht mal 5000 Karton lagen. 10 oder 20000 wären schon super, aber 60000? Umso mehr war ich erstaunt, dass Zingel die Telexanfrage des Agenten sogleich zerknüllte und in hohem Bogen in den Eimer warf. Auf meine Frage wieso, sagte er nur. Kannst du vergessen. Engländer, Tesco, große Handelskette. Wird nie etwas, weil der Kanal dazwischen ist und die Kosten zu hoch. Zeitverschwendung, die kaufen nicht in Deutschland

Der BANK-CODE

13 „von den vielen kleinen Ackermännern"
...in uns selbst !

Das wollte ich nicht glauben. In meinem jugendlichen Leichtsinn holte ich das zerknüllte Telex aus Zingels Mülleimer und machte mich in den nächsten Tagen daran, einen Lieferanten zu suchen. Der war tatsächlich alsbald gefunden. Sogar in der Nähe von Hamburg. Dazu fuhr damals noch die Reederei *DFDS* täglich von Hamburg nach Harwich und damit konnte ich sogar günstiger auf die Insel liefern als gedacht.

Nach langer Diskussion mit dem Agenten und Kunden : Offerte, Rückfragen, Präzisierung, Gebot, verbesserte Offerte, neues Gebot, letzte Offerte usw. kam es nach mehreren Wochen der Untergrundarbeit tatsächlich zum Showdown. Keiner der Kollegen hatte so richtig etwas mitbekommen und schon gar nicht geglaubt, dass es je etwas werden könnte. Alle haben mich für verrückt erklärt.

Und nun lag in der täglichen Kontraktmappe eine Order über 60.000 Kartons 3/1 (3kg) Dosen an *Tesco UK*. Betretenes Schweigen in der Händlerschaft. Diebische Freude in der Geschäftsführung.

Seitdem hatte sich der Jungspund die ersten Sporen verdient und wurde wenigstens wahrgenommen unter den alt eingesessenen Händlern. In den Jahren bis zu meinem Weggang wurden es über 200.000 Karton und wahrscheinlich blieben das bis heute die einzigen Kartoffeln in Dosen aus Deutschland nach England.

Nach fünfundzwanzig Jahren traf ich zufällig den damaligen Chef unserer Abwicklungsabteilung, der die Dosen befrachtet hatte. Der erste Satz vor der Begrüßung lautete: „Kartoffeln in Dosen nach England !"

Der BANK-CODE

13 „von den vielen kleinen Ackermännern"
...in uns selbst !

Ich war also damals ziemlich gegen den Strom geschwommen und bis heute in Erinnerung geblieben. Allerdings auch ungewollt. Der Versuch lockte einfach. Das Wort Mainstream gab es noch nicht.

Wie ist es sonst möglich, dass dem unbeteiligten Beobachter manchmal eine ganze Kompanie von hübschen jungen Mädels auf der Strasse entgegen kommt und alle gleich aussehen. L`Vuittontasche, iPhone, Hose, Schal, Sonnenbrille, Haarfarbe, Frisur usw. - alles gleich. Unterscheiden kann man die Mädels nur durch das etwas unterschiedliche Maß an Hüftspeck und die Körpergröße. Bei den Jungs ist das kaum anders. Die Basecap, Sonnenbrille, Gel im Haar, die Hüfthose usw.... naja, sie wissen was ich meine. Mainstream eben.

Kloppo würde sagen: „Cool...gefühlt !"
Nina würde sagen: „Entspann dich Papa...isso !"

Wenn wir uns also einmal im Spiegel betrachten. Ich meine so richtig, im übertragenen Sinne. Dann muss es uns auffallen, dass wir alle nicht so ganz frei von diesen Verhaltensweisen sind und vielleicht Porsche fahren und doch bei Aldi einkaufen. Oder die Edeka Hausmarke kaufen und uns dann hinterher trotzdem trefflich aufregen, wenn der nächste Lebensmittelskandal aufkommt. Unter Hinweis darauf, dass es ja kein Wunder ist, bei solchen Billigprodukten. Mit dem Finger auf andere zeigen, ist einfach, aber nicht immer zielführend. Schon gar nicht, wenn man vor dem Spiegel steht. Es ist nämlich viel mehr so, dass wir alle kleine Ackermänner sind mit unseren Entscheidungen und unserer täglichen kleinen und großen Gier. Wir wollen es nur nicht so richtig wahr haben.

Der BANK-CODE

13   „von den vielen kleinen Ackermännern"
...in uns selbst !

Deshalb suchen wir uns ja auch Vorbilder oder potentielle Leidgenossen, damit wir nicht alleine im Regen stehen. Aber seien wir ehrlich, es ist schwer, in bestimmten Dingen nein zu sagen und die Gegenposition einzunehmen. Mit Argumenten, die nicht dem Mainstream entsprechen. Das erfordert Stärke und Standhaftigkeit, Charisma und Disziplin. Ganz schwer. Trotzdem kann man es ja versuchen und einmal den Schritt zurück machen, statt voraus im Gleichschritt mit den anderen. Deshalb ist es auch nicht so leicht, die Bänker und den Ackermann als die bösen Buben darzustellen, die sie in einigen der hier beschriebenen Bereichen sicher auch waren, weil sie Fehler gemacht haben. Aber die Grundfunktionen, wie diese Fehler entstehen, sind die gleichen, wie bei uns Verbrauchern, nur mit etwas größeren Folgen.

Wir sollten also mit Pauschalurteilen haushalten und uns erst an die eigenen Nase fassen, bevor wir mit dem Finger in der eigenen landen und auf den großen Ackermann zeigen, während wir selber ein kleiner Ackermann sind.

Allerdings sollten wir mehr Fragen stellen und uns nicht immer dem Strom der Masse anschließen. Fragen, die die Politik, die Wirtschaft aber auch die ganze Gesellschaft beantworten müssen, bevor wir die Volksvertreter für uns entscheiden lassen. Wir dürfen die Vertreter nicht davon kommen lassen, wenn sie sich ihre Entscheidungen zu einfach machen und uns wieder nichts oder nur die Hälfte erklären. Allerdings dürfen wir vorher auch uns selber nicht davon kommen lassen, wenn wir Gleiches zu tun versuchen. In Abwandlung von Kennedy könnte man sagen: „Frage nicht, wer von den Anderen schuldig ist. Frage erst, ob du es nicht selber bist !"

Der BANK-CODE

14 „Ausleitung"

Vielleicht hat dieses Buch etwas Einblick in die Niederungen der letzten Jahre mit der Finanzkrise gegeben. Aus der Sicht eines kleinen Kaufmanns der heutzutage an allen Fronten gleichzeitig kämpfen muss. Aus der Sicht des kleinen Unternehmers, dem nach Volksmeinung häufig unterstellt wird, dass er reich und wohlhabend ist. Dass er sich sowieso auf der Seite der Großen befindet und aus Prinzip gegen das kleine Arbeitertum ist. Nur weil er Arbeitgeber ist. Stimmt ganz und gar nicht. Sicher ist deutlich geworden, dass die Fronten anders verlaufen und häufig fließend sind. Dass wir alle in einem Boot sitzen und weniger mit Egoismen als um so mehr mit gegenseitigem Verständnis aufeinander zugehen sollten. Alle gesellschaftlichen Teile. Und das nicht mit Hochmut, sondern mit Selbstbewusstsein und Respekt allen gegenüber. Auch Herr Ackermann oder Frau Merkel, Herr Gabriel und sogar der Grüne Herr Trittin kochen nur mit Wasser.

Nina würde sagen:
„Klassenkampf ? - was ist das denn ? ...isso!"
Kloppo würde sagen:
„Ich kenne nur eine Klasse....gefühlt … die Bundesliga !"

So soll dieses Buch zu mehr Gelassenheit aber, auch mehr Scharfsicht im Leben aufrufen. Genauer hinsehen und sich einmischen tut nicht nur gut, sondern dient der Sache, der Gemeinschaft, der Gesellschaft, dem Land und unserer Demokratie. Wenn uns das nichts wert ist, haben wir bis heute etwas falsch gemacht.
Und was wir bis heute richtig gemacht haben, können wir gemeinsam noch besser. In Deutschland und Europa.
Auf geht`s.

Der BANK-CODE

14   „Ausleitung"

Kloppo würde sagen: „Deutscher Meister ... gefühlt !"
Nina würde sagen: „Deutschland ist rattenscharf - isso Papa !"

Papa würde sagen, nein er sagt:
„Beide haben recht ! - isso...gefühlt!"

Ende

AIG - großer US Versicherungskonzern
BRT - Bruttoregistertonnen / Volumenmaß für Schiffe
BAFIN - Bundesaufsicht für Finanzdienstleistungen
BATON ROUGE - US-Ladehafen für Agrarprodukte
BARGES - Flussschiffe für den Transport von Massengütern
BIRDIE - ein Schlag unter PAR
BOOGIE - ein Schlag über PAR
BULKER - große Massengutfrachter
B/L - Konnossement / Warenschein
CEO - Vorstandsvorsitzender / Geschäftsführer
CBT - Chicago Board of Trade. Rohstoffhandelsbörse
DEUTSCHLAND AG - die großen DAX Konzerne
DFDS - Englische Seereederei
DIVOT - herausgeschlagene Grassode
DOX - Warenbegleitpapiere / Dokumente
ELEVATOR - Saugbagger / Sauglöschanlage
EZB - Europäische Zentralbank
FED – Federal Reserve / US-Zentralbank
FUTURES - Warenzertifikate für zukünftige Kontrakte
HAHNÖFERSAND - Insel in der Elbe kurz hinter Hamburg
HRE - Hypo Real Estate Bank
IDLE-TIME - Wartezeit eines Schiffes beim Laden/Löschen
IKB - Deutsche Industriebank
KFW - Kreditanstalt für Wiederaufbau
LONG - überversorgt / hoher Lagerbestand
L/C - schriftliches Zahlungsversprechen einer Bank
OLEOCHEMIE - chem. Industrie für Farben Lacke Klebstoffe
OLIGOPOL - wenige große Firmen bestimmen einen Markt
ROUGH - hohes Gras am Rand der Golfbahn
SHORT - unterversorgt / geringer Lagerbestand
TESCO - englische Handelskette
TEU - Twenty Food Equivalent Unit – 20ft Container
UV-Lack - Lack der durch UV-Strahlen aushärtet

Der BANK-CODE

Bestellungen online unter

www.derbankcode.de

oder

www.bod.de

oder

als Link über diesen QR-Code

Der BANK-CODE